Ausgeflogen

Felicitas Römer

Ausgeflogen

Wie Sie es sich im »leeren Nest« wieder gemütlich machen

Patmos Verlag

VERLAGSGRUPPE PATMOS

PATMOS
ESCHBACH
GRÜNEWALD
THORBECKE
SCHWABEN

Die Verlagsgruppe
mit Sinn für das Leben

MIX
Papier aus verantwortungsvollen Quellen
FSC® C103849

Für die Schwabenverlag AG ist Nachhaltigkeit ein wichtiger Maßstab ihres Handelns. Wir achten daher auf den Einsatz umweltschonender Ressourcen und Materialien. Dieses Buch wurde auf FSC®-zertifiziertem Papier gedruckt. FSC (Forest Stewardship Council®) ist eine nicht staatliche, gemeinnützige Organisation, die sich für eine ökologische und sozial verantwortliche Nutzung der Wälder unserer Erde einsetzt.

Bibliografische Information der Deutschen Nationalbibliothek
Die Deutsche Nationalbibliothek verzeichnet diese Publikation in der Deutschen Nationalbibliografie; detaillierte bibliografische Daten sind im Internet über http://dnb.d-nb.de abrufbar.

www.patmos.de

Umschlaggestaltung: Finken & Bumiller, Stuttgart
Druck: Schätzl Druck & Medien e. K.
Hergestellt in Deutschland
ISBN 978-3-8436-0147-4

Für Clemens

Inhalt

Vorwort 11

1. Gepackte Koffer, gemischte Gefühle: Wenn der Nachwuchs flügge wird 13
- Erziehung: Etappensiege des Loslassens 14
- Was heißt schon »erwachsen«? Großwerden in Zeiten der Globalisierung 15
- Zwischen Abschiedsschmerz und Freiheitsrausch – und warum die Glucke ein Klischee ist 19
- Halten oder ziehen lassen? Vom »richtigen« Zeitpunkt 25
- Mit Tränen, Stolz und Sorge: das mütterliche Gefühls-Karussell 30

2. Hotel Mama: Abschied auf Raten 37
- Generation Bumerang – warum Nesthocken so »in« ist 38
- Aus Mangel an Konflikten – der Spätauszug als Erziehungserfolg? 40
- Ein Kinderzimmer ist ein Kinderzimmer – Nesthocken, psychologisch betrachtet 42
- Neue Regeln im Hotel Mama. Wie man sich emanzipieren kann, obwohl man unter einem Dach wohnt 50
- Hilfe, wie werde ich bloß mein Kind los? Der liebevolle Rausschmiss als letzte pädagogische Intervention 55

3. Auf Augenhöhe: Die Eltern-»Kind«-Beziehung neu gestalten 62
- Und nun? Tipps für einen gelungenen Neuanfang 62
- Abgrenzung statt Ablösung: die Entwicklungsaufgaben des jungen Erwachsenen 66
- Vertrauen, loslassen, weiterleben: Was Eltern für ihre jungen Erwachsenen tun können – und was sie lassen sollten 69

Miteinander ins Gespräch kommen: Wie soll's denn werden? 79
Was sich erwachsene Kinder von ihren Eltern wünschen: Unrepräsentative Umfrage-Ergebnisse 81

4. Schwiegerkinder und andere Herausforderungen: Krisen und Konflikte meistern 86
Liebeskummer und Studienqual – Wenn das große Kind Probleme hat 87
Loslassen für Fortgeschrittene: die provokative Partnerwahl und andere (gefühlte) Affronts 96
Vorwürfe und Schuldgefühle: Häufige Eltern-»Kind«-Konflikte und wie man sie löst 109
Tabu-Thema Kontaktabbruch: Emotionaler Super-GAU oder Chance? 118

5. Endlich ich! Wie Sie es sich im »leeren Nest« gemütlich machen 123
Voll das Leben im leeren Nest: Gefühle und andere freundliche Gäste 124
Älter werden – na und? Wechseljahre als Weg zu sich selbst 130
Mutig in die Krise. Und mit neuem Selbst-Bewusstsein wieder heraus 132
Die Liebe wiederentdecken: Glücklich zu zweit allein 140

6. Plötzlich Oma. Wie geht Großmuttersein? 151
Junge Omas, alte Zöpfe: Was bedeutet es, heute Großeltern zu sein? 152
Oma, Opa und ihr Enkelkind – eine ganz besondere Beziehung 156
Hilfe bei der Rollen-Findung: Was für eine Oma will ich sein? 158
Verwöhnen oder mit erziehen? Worauf Großeltern achten sollten 163

Nachbemerkung und Dank 172

Anhang 173
Zum Weiterlesen 173
Anmerkungen 173
Zitatnachweis 174

Vorwort

Sie haben das Gröbste hinter sich und die Pubertät Ihrer Kinder einigermaßen schadlos überstanden? Ihr großes Kind schreitet mit 7-Meilen-Stiefeln auf die 25 zu oder ist kurz davor, das Kinderzimmer leerzuräumen? Herzlichen Glückwunsch: Sie haben schon viel, sehr viel geschafft!

Doch nun müssen Sie stark sein. Denn jetzt kommt die Zeit, in der Sie eigentlich nicht mehr mitreden dürfen, aber dennoch immer mal wieder »irgendwie« gefordert sind. Aber wie gestalten wir die Beziehung zu unseren erwachsen werdenden Kindern? Wofür stehen wir noch zur Verfügung, in welchen Situationen sollten wir uns angemessen zurückziehen? Wann einmischen, wann raushalten? Was tun, wenn der 25-jährige Filius gar nicht ausziehen will und es völlig normal findet, dass abends das gebratene Schnitzel auf dem Tisch steht? Wenn die 20-jährige Tochter Liebeskummer hat und nur noch verheult durch die Gegend läuft? Wie verhalte ich mich, wenn sich die Geschwister streiten oder der Schwiegersohn seine überdimensionalen Turnschuhe am liebsten auf dem Couchtisch parkt? Und wie geht eigentlich »Oma«-Sein? Mit all diesen Fragen stehen erfahrene Mütter (an die dieses Buch sich hauptsächlich richtet – aber natürlich dürfen sich auch Väter angesprochen fühlen) oft recht alleine da. Es wird von uns älteren Eltern ganz einfach erwartet, dass wir irgendwie damit klar kommen. Aber wie das geht, das sagt uns niemand.

Dabei ist es kein Geheimnis, dass auch die Zeit nach der Pubertät für Eltern viele Überraschungen und Herausforderungen bereithält. Darüber wird wenig gesprochen und noch weniger geschrieben. In diesem kleinen Ratgeber für (sehr weit) fortgeschrittene Eltern geht es also um die ganz normalen Dramen und Konflikte zwischen Eltern und ihren (fast) erwachsenen Kindern. Und natürlich darum, wie man sie einigermaßen souverän meistert. Ganz ohne Bereitschaft, sich auf die ein oder andere kleine Selbsterkenntnis einzulassen, geht das wohl nicht. Doch um einer gelungenen Beziehung zwischen uns und unseren erwachsenen Kindern willen lohnt sich diese Mühe allemal. Denn es ist schließlich nicht nur die Aufgabe unserer Kinder, sich sukzessive von uns abzunabeln – wir selbst müssen sie ganz bewusst gehen lassen, uns innerlich von ihnen abgrenzen und dann selbstbewusst unser Leben weiterleben.

Sie als Eltern zu ermuntern, sich an diesem Prozess des gegenseitigen Loslassens aktiv zu beteiligen und es sich selbst dabei möglichst gut gehen zu lassen, ist Anliegen dieses Buches. Ich hoffe, dass es Ihnen eine kleine Stütze sein möge bei all den Aufgaben, die das Leben für uns erfahrene Eltern noch so parat hält.

Hamburg, 30. September 2011
Felicitas Römer

1. Gepackte Koffer, gemischte Gefühle: Wenn der Nachwuchs flügge wird

»Mama, ich ziehe aus!« Dieser Satz kommt für Eltern meistens ganz plötzlich und unverhofft. Zumindest gefühlt. Es ist ja nicht so, dass sie nicht gemerkt hätten, dass ihre Kinder volljährig geworden sind und zwischenzeitlich die Schule abgeschlossen haben. Sie haben schon wahrgenommen, dass aus dem kleinen Bobbycar-Racker von einst ein stattlicher junger Mann geworden ist, der seinen ganz eigenen Kopf und ein gewisses männliches Selbstbewusstsein entwickelt hat. Und sie haben natürlich auch registriert, dass aus der niedlichen Tochter längst eine attraktive junge Frau geworden ist, die sich seit geraumer Zeit sehr ernsthaft mit ihren beruflichen Wünschen und Möglichkeiten auseinandersetzt. Meistens sind sie auch darüber informiert, wenn die Tochter sich um einen Studienplatz in einer anderen Stadt beworben hat oder der Filius seit längerem einen WG-Platz sucht. Und trotzdem kommen die Worte »Mama, ich ziehe aus« dann sehr überraschend. Und treffen sie bis ins innerste Mark.

Manche Eltern werden dann von starker Wehmut geplagt oder sie verfallen kurzfristig in einen schockähnlichen Verwirrungszustand: »Zwickt mich, ich glaub ich träume! Das kann doch nicht wahr sein!«, möchten manche Eltern rufen. Und manche Mutter fragt sich beunruhigt: »Kann ich mein Kind wirklich schon allein in die Welt schicken? Wird es dort draußen ohne meinen Schutz und meine Hilfe zurechtkommen?«

Auch wenn wir genug Zeit hatten, uns allmählich an den Gedanken zu gewöhnen, dass die Kindheit unserer Kinder zu Ende geht und wir sie ihrer Wege ziehen lassen müssen, so geht dann letztlich doch alles viel zu schnell. War unser Kind nicht eben noch klein? Posierte es nicht erst kürzlich stolz mit seiner Schultüte vor der Kamera? Gefühlt kann es doch keine 18 oder 20 Jahre her sein, dass wir dieses wunderschöne Wesen auf die Welt gebracht haben!

Erziehung: Etappensiege des Loslassens

Doch warum ist der Auszug eines Kindes eigentlich ein so bedeutender Schnitt, nicht nur für die jungen Erwachsenen, sondern besonders auch für Eltern?

Einerseits wird nun besonders deutlich, dass es kein Zurück mehr gibt, dass der Lauf der Zeit eben nicht aufzuhalten ist. Andererseits sollten wir uns klar machen, dass der Auszug des Kindes ganz sicher nicht der erste Abschied ist, mit dem wir als Eltern konfrontiert werden. Die ganze Kindesentwicklung ist schließlich ein kontinuierlicher Abnabelungsprozess, der täglich in vielen kleinen Schritten geübt wurde. Schon die Geburt ist eine Art »Entlassen« des Babys aus dem schützenden Raum Gebärmutter in die Welt. Sind Mutter und Kind in den ersten Monaten noch symbiotisch miteinander verwoben, so lernt das Kind zunehmend, sich als selbstständiges Subjekt wahrzunehmen. Der Reiz des Selbstständig-Werdens kollidiert dabei immer wieder mit der Verlustangst des kleinen Kindes. Und so kommt es, dass höchst unternehmungslustige Krabbelkinder immer wieder den Kontakt zu Mutter oder Vater suchen, nur um sich zu vergewissern, dass die vertrauten Menschen noch da sind und ihnen zum emotionalen Auftanken zur Verfügung stehen. Das Bedürfnis nach Sicherheit und Schutz ist beim kleinen Menschen mindestens ebenso ausgeprägt wie sein Bedürfnis nach Lernen, Wachstum und Selbstständigkeit. Wenn beide Bedürfnisse gleichermaßen befriedigt werden, kann das Kind sich psychisch bestens entwickeln.

Auch später üben Eltern mit ihren Kindern immer wieder das Wechselspiel zwischen »Loslassen« und »Halt geben«, etwa wenn die Kleinen in den Kindergarten eingewöhnt werden oder in die Schule kommen. Der erste Schultag oder die erste Klassenfahrt sind für viele Mütter eine echte Hürde, die sie mit sehr gemischten Gefühlen nehmen. So lernen Eltern im Laufe der Zeit immer mehr, ihre Kinder selbstständig werden zu lassen. Und die Kinder lernen, dass sie einerseits unabhängiger werden dürfen, aber auch zu Hause einen sicheren Heimathafen haben, in den sie bei Bedarf einlaufen und wo sie jederzeit mental und emotional »andocken« können.

Es ist also keineswegs so, dass wir es mit Abschied und Abschiedsschmerz erst zu tun bekommen, wenn die Kinder endgültig ihre Koffer packen. Jeder kleine Schritt des Kindes in Richtung Unabhängigkeit und Reifung hat uns stolz gemacht, aber uns auch verdeutlicht, dass unser Einfluss Jahr um Jahr schwindet. Spätestens in der Pubertät werden die

Meinungen und Gedanken andere Menschen weitaus wichtiger für unsere Kinder als die der Eltern. Streitereien, Konflikte und Diskussionen mit unseren Teenies haben uns ja schon schmerzlich darauf vorbereitet, dass wir nur noch bedingt als Ideale angesehen oder als »Bestimmer« akzeptiert werden. Die Ablösung der Kinder von uns Eltern wird hier meistens sehr heftig vorbereitet, und manche Pädagogen behaupten, dass sich Pubertisten mitunter so grässlich benehmen, damit wir sie irgendwann so unerträglich finden, dass wir sie aus vollem Herzen, zur Not auch mit Wut und Enttäuschung, endlich gehen lassen können.

Doch auch wenn wir das Loslassen und Gehen-Lassen unserer Kinder schon jahrelang eingeübt haben, ist dann ihr Auszug auf der gemeinsamen Wohnung ein einschneidender Schritt für alle Beteiligten. Das Kinderzimmer hat endgültig ausgedient, auch wenn es längst nicht mehr wie ein niedliches Kinderzimmer aussieht, sondern zum chaotisch vollgerümpelten Teenager-Domizil mutiert ist. Psychologisch betrachtet hat es eine große symbolische Bedeutung, wenn ein Kind sein ehemaliges Kinderzimmer auflöst: Es beendet damit eine ganze Ära, in der es sich in einer bestimmten Rolle befunden hat, nämlich in der Rolle des Schutzbedürftigen und Abhängigen. Genau genommen kündigt Ihr Kind Ihnen nicht nur die Wohnung, sondern auch die Rolle des Kindes. Diese Kündigung sollten Sie dankend annehmen, denn sie bedeutet nichts anderes, als dass Sie Ihren Job sehr erfolgreich erledigt haben.

Herzlichen Glückwunsch, Sie haben es geschafft! Irgendetwas müssen Sie verdammt richtig gemacht haben!

Was heißt schon »erwachsen«? Großwerden in Zeiten der Globalisierung

Erwachsen zu werden ist heutzutage kein Kinderspiel mehr. Denn obwohl Kinder immer früher in die Pubertät kommen und die Kindheit mit 10 Jahren für beendet erklärt wird, so heißt das noch lange nicht, dass die Jugendlichen auch früher erwachsen werden. Das Gegenteil ist der Fall.

Da sich das gesellschaftliche Leben drastisch verändert hat, hat sich auch die Lebensphase »Jugend« gewandelt. Ging man früher davon aus, dass die Jugend eine recht kurze Übergangsphase zwischen Kindheit und Erwachsenenalter war, so wird sie mittlerweile für eine eigene Lebensphase gehalten, die unterschiedlich lang sein kann und als individueller

Prozess angesehen wird. Im Soziologen-Deutsch nennt man diese recht neue Lebensphase »Post-Adoleszenz«.

Durch die Individualisierung unserer Gesellschaft und die Veränderung unserer Arbeitswelt gibt es zudem keinen festgelegten Ablauf einer bürgerlichen Normalbiografie mehr. Früher war der Lebenslauf mehr oder weniger vorgezeichnet: Schule, Ausbildung oder Studium, Einstieg in den Beruf, Gründung einer Familie. Und zwar in dieser Reihenfolge. So einfach ist das heute nicht mehr. Die Normen sind aufgeweicht, es gibt viele verschiedene gesellschaftlich mehr oder weniger akzeptierte Lebensmodelle: Ob Kleinfamilie oder Doppelverdiener ohne Kinder, Singles oder gleichgeschlechtliche Paare, getrennt lebende Ehepaare, Alleinerziehende oder Patchwork-Familie – die Bandbreite an Möglichkeiten ist groß geworden. Das bietet einerseits viele tolle Chancen zur individuellen Selbstverwirklichung, andererseits erfordert es aber auch ein Höchstmaß an individuellem Engagement, Flexibilität und Entscheidungsbereitschaft.

Doch was heißt das überhaupt: Erwachsensein? Darüber streiten sich die Geister bis heute, eine einfache Definition gibt es hier nicht. Klar ist, dass man bei einem gesunden Erwachsenen von einer gewissen körperlichen und kognitiven Reife ausgeht, die ihn zu einem selbstständigen und verantwortungsvollen Leben befähigt. Was das im Einzelnen bedeutet, bleibt allerdings recht vage und bietet jede Menge Stoff für interessante Diskussionen.

Einfacher ist das schon mit der Volljährigkeit. Volljährigkeit ist das Alter, ab dem eine Person im juristischen Sinne als mündig gilt, also als voll geschäftsfähig. In Deutschland ist ein Mensch mit 18 Jahren volljährig. Aber kaum jemand würde ernsthaft behaupten, dass er auch schon wirklich erwachsen sei. Im deutschen Jugendstrafrecht wird dies insofern berücksichtigt, als dass 18–20-Jährige als Heranwachsende gelten und je nach (per psychologischem Gutachten) festgestelltem Reifegrad eventuell milder bestraft werden als ältere Straftäter.

In den Sozialwissenschaften geht man davon aus, dass jemand dann erwachsen wird, wenn er bestimmte Reifegrade erreicht hat, etwa wenn er eine berufliche Tätigkeit aufnimmt, finanziell von den Eltern unabhängig wird oder eine eigene Familie gründet. Wenn es allerdings nach diesen Kriterien ginge, würde das ja bedeuten, dass eine junge arbeitslose Akademikerin oder ein fleißiger, unfreiwilliger »Dauerpraktikant« auf der Suche nach einer Festanstellung noch nicht erwachsen sei. In der Tat zwingt der komplizierte Arbeitsmarkt junge, gut ausgebildete Menschen länger denn je in finanzielle Abhängigkeitsverhältnisse und hält sie so oft länger unselbstständig, als ihnen lieb ist. Aber ist ein studierter Mensch, der noch nicht in einem Vollzeitjob angekommen ist, tatsächlich noch nicht erwachsen, nur weil er noch kein eigenes Einkommen hat? Wohl kaum. Hier muss die Wissenschaft ihren Begriff den neu geschaffenen Realitäten anpassen. Der Erziehungswissenschaftler Martin R. Textor spricht zum Beispiel von einer besonderen Diskrepanz zwischen ökonomischer Unselbstständigkeit einerseits und einer »hohen intellektuellen, politischen und sozialen Reife«[1] andererseits. Soll heißen: Intellektuell und moralisch sind diese jungen Menschen zwar sehr reif, aber mangels adäquater Jobs noch nicht finanziell unabhängig.

Für viele junge gebildete Menschen mag es demütigend sein, trotz hoher Kompetenzen finanziell noch am Tropf der Eltern oder des Staates hängen oder sich mithilfe von Aushilfsjobs über Wasser halten zu müssen. Aber immer mehr junge Menschen ereilt dieses Schicksal, oft zum Glück nur vorübergehend. Wie verschiedene Studien belegen, ist der Einstieg ins Berufsleben für junge Menschen durch die Globalisierung und die mit ihr einhergehenden Veränderungen auf dem Arbeitsmarkt nämlich sehr viel holpriger geworden. Die Globalisierung stellt uns auch hier vor neue politische und wirtschaftliche Probleme, die wir leider zunächst irgendwie privat lösen müssen.

Wichtige psychologische Kriterien für das Erwachsensein sind hingegen die Entwicklung eines eigenen Wertesystems (das unter Umständen von dem der Eltern abweicht) sowie die Fähigkeit zu verantwortungsbewusstem Handeln und einer gewissen Form von Autonomie. Doch auch diese Kriterien bieten jede Menge Interpretationsspielraum.

Denken Sie einmal darüber nach: Was bedeutet es für Sie, »erwachsen« zu sein?

Wenn Sie Lust haben, können Sie im Folgenden Ihre ganz persönliche Prioritätenliste anfertigen:

Was sind für Sie untrügliche Zeichen dafür, dass jemand »erwachsen« ist?

Zum Beispiel:

- Verantwortung für sich und seine Handlungen zu übernehmen;
- Konsequenzen des eigenen Handelns zu tragen;
- eigenständig sein Alltagsleben zu bewältigen, also etwa pünktlich aufstehen, Termine einhalten usw.;

- einen eigenen Haushalt führen zu können (kochen, Wäsche waschen, einkaufen etc.);
- eigene berufliche und private Pläne und Ziele zu entwickeln und an ihrer Umsetzung zu arbeiten;
- Probleme eigenständig lösen zu können;
- sein eigenes Geld zu verdienen;
- Rücksicht auf andere zu nehmen;
- sich als Teil der Welt und nicht als deren Mittelpunkt zu verstehen;
- sich in eine Gemeinschaft integrieren zu können;
- ein (einigermaßen) realistisches Weltbild zu besitzen;
- ein gewisses Selbstbewusstsein entwickelt zu haben – also ein Bewusstsein der eigenen Möglichkeiten, Stärken und Schwächen;
- beziehungsfähig zu sein, Kompromisse einzugehen, die Bedürfnisse anderer Menschen zu respektieren.
- Was fällt Ihnen noch ein?
- …

Test: Wie erwachsen ist Ihr Kind?

Im folgenden spielerischen Test können Sie sich einen kleinen Überblick darüber verschaffen, für wie »erwachsen« Sie Ihr Kind halten. Bedenken Sie: Es ist Ihre subjektive Beobachtung, die Sie hier eintragen. Gut wäre es, eventuell Ihren Partner, Ihre Partnerin oder einen Freund diesen Test auch machen zu lassen und die Ergebnisse dann miteinander zu vergleichen. Sie können dann vielleicht zu einer noch realistischeren Einschätzung gelangen.

Tragen Sie einfach die Kreuzchen an der Stelle ein, die Sie spontan als passend empfinden.

Mein »Kind« …	*sehr gut*	*gut*	*geht so*	*nicht so gut*	*schlecht*
kann sich gut organisieren					
kann einen Haushalt versorgen					
ist pünktlich und zuverlässig					
kann Probleme meistern (mit oder ohne Hilfe)					

Mein »Kind« …	*sehr gut*	*gut*	*geht so*	*nicht so gut*	*schlecht*
kann gut für sich selber sorgen					
hat Freunde und weiß, an wen er/sie sich wenden kann					
verfolgt eigene Pläne zielstrebig					
kann verantwortungsbewusst mit Geld umgehen					
kann gut abwägen und Prioritäten setzen					
kann selbstständig vernünftige Entscheidungen treffen					

Wollen Sie diese Tabelle ergänzen? Nur zu!

Tipp: Einschätzungen vergleichen

Sie können Ihrem »Kind« diesen kleinen Test auch als Selbsttest vorlegen. Spannend wäre es, die Ergebnisse miteinander zu vergleichen: Wo sehen Sie mehr Probleme als Ihr Sohn bzw. Ihre Tochter? Traut sich Ihr »Kind« mehr oder weniger zu als Sie ihm? Worin sind Sie sich einig? Checklisten und Fragebögen sind immer eine gute Möglichkeit, auf unkomplizierte Art miteinander ins Gespräch zu kommen.

Zwischen Abschiedsschmerz und Freiheitsrausch – und warum die Glucke ein Klischee ist

Müttern wird manchmal unterstellt, sie hätten Probleme, ihre erwachsenen Kinder gehen zu lassen. Das stimmt so natürlich nicht.

Sicher gibt es einige Mütter, die ihre Kinder weit über Gebühr emotional oder finanziell an sich binden und so in gewisser Weise unselbstständig halten. Allerdings machen solche Mütter das auch nicht ohne innere Not und meistens auch weder aus Bosheit noch bewusst, so wie etwa die depressive Mutter, deren erwachsene Kinder sich oft zuständig für ihren seelischen Zustand fühlen, auch wenn sie in Wirklichkeit gar nicht wirklich helfen oder etwas verändern können. Auch eine kränkliche, hilflose oder einsame Mutter fordert manchmal von ihren Kindern besonders viel Aufmerksamkeit – ob diese Forderung nun konkret ausgesprochen wird oder nur subtil zu erspüren ist.

Solche mütterlichen Verhaltensweisen machen es jungen Erwachsenen sehr schwer, sich zu lösen und auf den eigenen Weg zu machen. Sich für das Wohlbefinden der Mutter verantwortlich zu fühlen, kann für junge Menschen eine schwere Bürde sein. Die Angst, der Mutter wehzutun, ihr den Boden unter den Füßen wegzuziehen oder sie einfach zu enttäuschen, kann so immens sein, dass die davon betroffenen »Kinder« sich in ihrer Lebensenergie massiv ausgebremst fühlen und unter dem Gefühl leiden, nicht ihr eigenes Leben zu leben, sondern nach fremden Maßstäben zu agieren.

Doch wie gesagt: Das sind eher Ausnahmen. Erfahrungsgemäß befürworten zeitgenössische Mütter den altersangemessenen Auszug ihres Kindes sehr wohl. Sie zu selbstständigen Menschen heranzuziehen, war schließlich ihr ausgesprochenes Erziehungsziel, daran haben sie jahrelang gearbeitet. Die typische »Glucke«, die ihre Kinder nicht »hergeben« will, ist eher ein Mythos statt eine weit verbreitete Realität. Das verwöhnte Muttersöhnchen, das am karierten Rockzipfel seiner besitzergreifenden Mutti hängt, ist schöner Stoff für schräge Spielfilme, in der Realität aber eher selten zu finden.

Es mag auch sein, dass es diese festhaltende, bindende Mutter früher häufiger gab. Die wenigsten modernen Mütter leben ausschließlich für Haus und Familie, sondern engagieren sich auch beruflich oder ehrenamtlich immer mehr und organisieren insofern ihr Leben nicht »nur« um die Kinder herum. Neben Kindererziehung und Familie gibt es in ihrem Leben durchaus noch andere sinnstiftende Tätigkeiten, ihr Selbstwert hängt weit weniger als in den früheren Jahrzehnten von ihrer Rolle als Mutter und ihrem Status als Ehefrau ab.

Hinzu kommt ein völlig veränderter Erziehungsgedanke: Die autoritäre Erziehungsweise hat abgedankt, wir halten unsere Kinder für eigenständige (wenn auch abhängige) Wesen. Das Miteinander in vielen Familien gestaltet sich eher partnerschaftlich denn autoritär, was dazu führt, dass die Beziehungen zwischen Eltern und größeren Kindern gleichberechtigter und demokratischer sind als früher. Das Kind wird mehr denn je als Individuum gesehen, das ein Recht auf Selbstverwirklichung hat und seinen eigenen Weg finden darf. Die aktuelle Elterngeneration ist weitaus toleranter als sämtliche vorherigen es jemals waren. Insofern sinkt die Erwartungshaltung der Eltern, dass das Kind etwa in ihre beruflichen Fußstapfen zu treten oder sich im Alter um sie zu kümmern habe. Sie wissen ja auch, dass von den jungen Menschen Mobilität und Flexibilität verlangt wird. Viele Eltern sind insofern realistisch genug, um zu wissen, dass sie ihre Kinder gehen lassen müssen – manchmal sogar ziemlich weit weg, auch wenn sie sich etwas anderes wünschten.

Doch auch wenn es die klassische »Gluckenmutter« nur selten gibt: Natürlicherweise fällt es vielen Müttern – zumindest vorübergehend – schwer, ihre erwachsen gewordenen Kinder ziehen zu lassen. Das ist keineswegs verwerflich, falsch oder gar das untrügliche Zeichen eines Unvermögens, sondern eine ganz normale, verständliche Reaktion auf eine höchst gravierende Veränderung der eigenen Lebenssituation.

Die Phasen der Trauer und des Abschieds von den groß gewordenen Kindern und das Herauswachsen aus der Rolle der fürsorglichen Mutter sind schmerzlich. Wir werden nicht mehr ständig gebraucht. Und das tut weh, auch wenn wir wissen, dass es genau das Ziel einer gelungenen Erziehung ist, sich überflüssig zu machen – natürlich in unserer Funktion als Beschützerin und Anleiterin, nicht als Person.

Die Herausforderung, die mit der anstehenden Trennung von den Kindern auf Eltern zukommt, besteht zunächst darin, auf sich selbst zurückgeworfen zu werden. Schon das ist für viele Mütter, die sich immer sehr aktiv um ihre Kinder gekümmert haben, schwierig. Lange sind wir von uns selber abgelenkt gewesen, immer ging es um andere, die Kinder hatten stets Priorität. Und nun? Was mache ich nun mit mir, meinem Leben, meinen Gefühlen? Es kann sich sehr einsam anfühlen, auf sich selbst zurückgeworfen zu werden. Es kann auch sehr schmerzlich sein, sich nicht mehr gebraucht zu fühlen. Vor diesen Gefühlen sollten wir nicht weglaufen, denn sie bieten uns die einmalige Chance, uns selber näherzukommen, uns selbst weiterzuentwickeln. So schreibt die Psychoanalytikerin Verena Kast: »Die Trennungen, die uns im Leben abverlangt werden, fordern von uns, dass wir uns auf uns selbst besinnen. Wir werden dadurch immer mehr wir selbst, immer autonomer, immer authentischer und damit auch immer beziehungsfähiger.«[2] Und so sieht sie den Ablöseprozess von den Kindern als »Herausforderung und eine Chance, sich mehr und neu auf sich selbst zu besinnen«[3]. Manchmal überdeckt der erste Abschiedsschmerz diese Chance zur persönlichen Runderneuerung. Das bedeutet aber nicht, dass sie nicht da wäre!

Es ist aber ebenso normal, wenn Eltern sich darauf freuen, dass ihr Kind endlich auszieht, und es eigentlich kaum erwarten können, mal wieder ein bisschen mehr Raum für sich und Ruhe in der Bude zu haben. Manche Mütter trauen sich gar nicht, das auszusprechen, sondern tuscheln es nur hinter vorgehaltener Hand, weil sie fürchten, für »Rabenmütter« gehalten zu werden. Und in der Tat werden Frauen, die sich laut und deutlich über ihre neue Freiheit und mehr Freizeit freuen, zumindest für ungewöhnlich oder ziemlich egoistisch gehalten. Dabei ist diese Haltung doch verständlich. Sich jahrelang um Kinder zu kümmern, bedeutet neben Freude und Bereicherung eben auch viel Arbeit, Rücksichtnahme und Verzicht. »Endlich kann ich mich mal wieder mehr um mich selbst kümmern und Dinge tun, für die ich jahrelang keine Zeit hatte. Traumhaft!«, seufzte Stefanie (53) erleichtert, deren vier Kinder nach und nach ausgezogen waren. Sie konnte endlich wieder mehr Flöte spielen, besuchte verschiedene Kurse an der Volkshochschule und genoss es sichtlich, nicht mehr dauernd ansprechbar sein zu müssen. Ist sie deshalb eine schlechte Mutter? Wohl kaum! Man darf nicht unterschätzen, wie anstrengend und mitunter aufreibend das Leben mit Kindern sein kann. Manche Mütter sind von der jahrelangen Dreifachbelastung Familie-Haushalt-Beruf irgendwann so erschöpft, dass sie einfach mal wieder ordentlich auftanken wollen – und müssen. Es ist kein Zufall, dass viele Frauen in den Wechseljahren Born-out-Symptome entwickeln. Körperliche und hormonelle Veränderungen treffen hier oft auf massive Erschöpfungszustände und unverarbeitete Konflikte – und prompt ruft die Psyche lautstark um Hilfe.

Wer schlechter loslassen kann, liebt mehr? Ein verbreiteter Irrtum

Ob es Eltern schwer oder leichter fällt, ihre Kinder selbstständig werden zu lassen, sagt nichts über Qualität der Beziehung zu den Kindern aus. Und schon gar nicht über den Grad der elterlichen Zuneigung und Liebe. Allen landläufigen und vorschnellen Urteilen zum Trotz liebt eine Mutter, die sich von ihren Kindern relativ problemlos lösen kann, ihren Nachwuchs keinesfalls weniger als eine Mutter, die Probleme damit hat, ihr Kind gehen zu lassen. Und umgekehrt hat es nicht zwangsläufig etwas mit einer besonders intensiven Form von Liebe zu tun, wenn ich es nur schwer ertragen kann, wenn mein erwachsenes Kind aus dem Haus geht. Es kann sogar genau der umgekehrte Fall sein: Wenn Mutterliebe die Trennung nicht aushält, ist sie keine »richtige« Liebe. Für den Psychoanalytiker Erich Fromm ist es sogar der Gradmesser unserer mütterlichen Liebe schlechthin, ob wir in der Lage sind, unsere Kinder auch dann noch zu lieben, wenn sie uns nicht mehr brauchen, von uns nicht mehr abhängig sind. So schreibt er in *Die Kunst des Liebens:* »Die Mutterliebe zum heranwachsenden Kind, jene Liebe, die nichts will für sich, ist vielleicht die schwierigste Form der Liebe; und sie ist sehr trügerisch, weil es für ein Mutter so leicht ist, ihr kleines Kind zu lieben. Aber gerade weil es später so schwer ist, kann eine Frau nur dann eine wahrhaft liebende Mutter sein, wenn sie überhaupt zu lieben versteht und wenn sie fähig ist, ihren Mann, andere Kinder, Fremde, kurz alle menschlichen Wesen zu lieben. Eine Frau, die nicht fähig ist, in diesem Sinn zu lieben, kann zwar, solange ihr Kind noch klein ist, eine fürsorgende Mutter sein, aber sie ist keine wahrhaft liebende Mutter. Die Probe darauf ist ihre Bereitschaft, die Trennung zu ertragen und auch nach der Trennung noch weiter zu lieben.«[4]

Tipp: Was tun, wenn der Schmerz allzu heftig ist? Die Arbeit mit dem »inneren Kind«

Wenn Sie merken, dass Ihnen die bevorstehende Abkoppelung von Ihrem Kind große Schwierigkeiten bereitet, können Sie sich einmal innerlich auf Spurensuche begeben und versuchen herauszufinden, warum Ihnen der Abschied so schwer fällt.

Überlegen Sie einmal:

Haben Sie sich als Kind häufig allein gelassen gefühlt? Etwa weil beide Eltern arbeiten mussten und Sie ein »Schlüsselkind« waren?

Gab es besonders einschneidende oder häufige schmerzliche Abschiede, z.B. weil die beste Freundin in eine andere Stadt zog oder der Vater so oft wochenlang auf Montage war?

Haben Sie als Kind vielleicht schwierige Verlusterfahrungen machen müssen, etwa weil der geliebte Opa starb oder Sie Ihr Lieblingsspielzeug verloren hatten?

Wenn Sie merken, dass Sie solche Erfahrungen machen mussten, könnten Sie versuchen, mit Ihrem »inneren Kind« in Kontakt zu treten, d.h. mit dem Kind, das sich damals so allein und verlassen gefühlt hat und das heute immer noch in Ihnen ist. Manchmal »triggern« nämlich aktuelle Geschehnisse Gefühle aus der eigenen Vergangenheit oder der Kindheit. Das heißt: Ein neuer, aktuelle Schmerz spült den alten, unverarbeiteten wieder mit hoch, so dass der Schmerz potenziert und dadurch nahezu unerträglich wird.

Besonders wenn wir als Kind unter einem Mangel an Nähe, Trost oder Aufmerksamkeit zu leiden hatten, hinterließ dies Wunden in unserer Seele. Auch wenn wir gar nicht mehr daran denken und in unserem Alltag ansonsten gut zurechtkommen, kann es sein, dass diese alten Verletzungen unser aktuelles Verhalten unbewusst prägen. So ist es möglich, dass ein Erwachsener, der sich als Kind gelegentlich sehr allein gefühlt hat, noch heute mit Angst und Panik auf Verlassenwerden reagiert, weil er oder sie sich hilflos fühlt. In der Realität sind wir zwar erwachsen und alles andere als hilflos, aber das »innere Kind« in uns fühlt sich so wie damals und lässt uns vergessen, dass wir längst in der Lage sind, uns selbst zu bemuttern und zu versorgen. Dieses vernachlässigte, verängstigte und hilflose »innere Kind« gilt es dann ernst zu nehmen und zu trösten. Es sucht immer noch verzweifelt Verständnis und Trost und meldet sich vorzugsweise dann lautstark, wenn auch der erwachsene Anteil irritiert und emotional destabilisiert ist, also gerade Kummer hat oder in einer Krise steckt. Wenn wir erkennen, dass der »erwachsene« Anteil in uns unseren »kindlichen« Anteil an die Hand nehmen und beschützen kann, ist das ein wichtiger Schritt für die Heilung alter Wunden.

Eine einfache Methode, mit diesem »inneren Kind« in Kontakt zu treten, ist, sich Kinderfotos von sich selbst anzuschauen und zu überlegen, was dieses Kind wohl manchmal gebraucht hätte: Zuspruch, Anerkennung, mehr Aufmerksamkeit, Trost, eine Umarmung? Sie können dann mit dem Kind auf dem Foto sprechen, etwa in dem Sinne: »Ich weiß, du hättest ein bisschen mehr Zuwendung gebraucht«, »Du siehst zwar fröhlich aus, aber innerlich bist du ganz traurig, und keiner hat das damals gesehen. Aber *ich* sehe das jetzt.« Wenn es Ihnen schwer fällt, diesen inneren Dialog zu führen, können Sie der »Kleinen« auch einen Brief schreiben. Ein Brief an das innere Kind könnte z. B. so beginnen:

Liebe kleine … ,
ich sehe, dass du sehr traurig bist und dich verlassen fühlst. Ich weiß, dass du noch sehr klein und schutzbedürftig bist und dass sich damals niemand um deinen Schmerz kümmern konnte. Aber jetzt bin ich er-

wachsen und werde auf dich aufpassen und für dich da sein. Das verspreche ich dir.

...

Deine große ...

Ihrer Fantasie sind hierbei keine Grenzen gesetzt. Es kommt auch nicht darauf, an, besonders schöne oder originelle Worte zu finden. Wichtig ist nur zu erkennen, dass sich die Verlustgefühle nicht ausschließlich auf die jetzige Situation beziehen, sondern deshalb so schwer zu ertragen sind, weil es Wunden aus alten Zeiten gibt, die noch nicht wirklich verheilt sind. Und wichtig ist zu realisieren, dass Sie heute nicht mehr klein und hilflos sind, sondern dass Sie ein erwachsener Mensch sind, der sich um sich selbst kümmern und sich selbst Trost und Zuwendung geben kann.

Manchmal ist es sehr schmerzhaft, die alten Gefühle zuzulassen, und schon beim Formulieren der ersten Worte an das innere Kind fließen dann rasch die Tränen. Doch das ist im Grunde ein heilsamer Prozess, und es kann sehr befreiend sein, »alte« Gefühle von den »neuen« zu trennen. Es kann dazu führen, die aktuelle Situation klarer zu sehen und als weniger bedrohlich zu empfinden. Und dann wird Ihnen der Schritt, Ihre Kinder loszulassen, bald vielleicht nicht mehr so schwer fallen.

Auch für Ihre Tochter oder Ihren Sohn ist es von großer Bedeutung, wenn Sie für sich Klarheit bekommen, wo Ihre starken Emotionen eigentlich herrühren. Sie müssen ihnen ja gar nichts von Ihrem Trauerprozess oder Ihrem inneren Kind erzählen, wenn Sie nicht mögen. Ihre Kinder werden es ohnehin spüren, wenn Sie sich innerlich mit »alten« Themen und Schmerzen auseinandersetzen. Kinder haben in jedem Alter feine seismographische Antennen dafür, wie es ihren Eltern geht. Und es entlastet sie ungemein, wenn sie wissen, dass Mütter und Väter Wege finden, mit ihren Problemen und Sorgen klarzukommen.

Halten oder ziehen lassen? Vom »richtigen« Zeitpunkt

Die meisten Eltern sehen irgendwann die dringende Notwendigkeit, dass der Sohn oder die Tochter ausziehen sollte. Spätestens, wenn man merkt, dass das Zusammenleben nicht mehr so recht »flutscht«, wenn es hakelig wird und unterschiedliche Bedürfnisse und Wertvorstellungen aufeinanderprallen, ist für Eltern der Zeitpunkt gekommen, sich mit dem Gedanken anzufreunden, dass eine räumliche Trennung sinnvoll sein könnte.

So geht es auch Renate[5]. Sie schreibt über das Zusammenleben mit ihrem volljährigen Sohn:

»Wir Eltern und auch seine Geschwister merken, wie nötig es ist, dass er sein eigenes Leben lebt und seinen eigenen Bedürfnissen nachgeht. Sein Lebensrhythmus, seine Interessen und seine Prioritäten sind so völlig anders geworden als die der anderen Familienmitglieder. Das erschwert ein tägliches Zusammenleben; gemeinsame Mahlzeiten oder gemeinsame Aktivitäten sind kaum noch möglich, und die Arbeitsteilung im Haushalt funktioniert nicht gut. Ich habe zwar Verständnis für seine Bedürfnisse, erwarte aber trotzdem, dass auch er die Bedürfnisse der anderen Familienmitglieder akzeptiert. Das läuft zurzeit aber leider nicht so gut. Daher gibt es in mir – obwohl ich gleichzeitig tieftraurig über den Abschied von meinem Sohn als ‚Kind' bin – auch Anteile, die sich über seinen baldigen Auszug freuen. Es ist einfach an der Zeit!«

In der Regel fällt es Eltern leichter, ihre Kinder ziehen zu lassen, wenn bei Eltern und Geschwistern eine gewisse Unzufriedenheit oder sogar Leidensdruck besteht. Wenn man merkt, dass der junge Erwachsene sich zwar genüsslich bedienen lässt, aber keinen Handschlag mehr im Haushalt rührt, wenn der Sohn jedes Wochenende ein anderes Mädchen abschleppt oder die Tochter täglich die Einkaufsliste diktiert, ohne je eine einzige Tüte mit hochzutragen, dann ist irgendwann auch das Maß der geduldigsten Mutter gestrichen voll.

Bei aller Traurigkeit können Mütter ihre Kinder auch dann etwas leichteren Herzens ziehen lassen, wenn sie das sichere Gefühl haben, dass das (halbwegs) erwachsene Kind selbstständig und selbstbewusst genug ist, um die ersten Hürden im Leben »da draußen« gut nehmen zu können. So wie es Vera mit ihrer toughen Erstgeborenen ging:

»Bei Annas Auszug war ich sehr traurig und ich habe mich zuerst wie amputiert gefühlt. Trotzdem war es nicht so schlimm, weil ich gemerkt habe, dass sie wirklich schon groß ist und es überhaupt nicht mehr gepasst hätte, wenn sie noch zu Hause wohnen würde.«

Meistens werden Mütter von ambivalenten Gefühlen überrollt: einerseits von der Einsicht und dem Gefühl, dass es stimmig ist, dass das groß gewordene Kind seiner Wege ziehen wird. Und andererseits von Trauer und Abschiedsgefühlen. So ging es auch Birgit, als ihr Ältester auszog.

»Max war knapp 21 Jahre alt, als er beschloss, in ein Studentenwohnheim zu ziehen. Ich war einerseits erleichtert, weil ich das Gefühl hatte, er akzeptiert unseren ‚bürgerlichen' Lebensstil nicht, und ich muss mich nun nicht mehr ständig seiner ausgesprochenen und unausgesprochenen Kritik stellen. Außerdem hatte ich damit weniger Verantwortung für seinen Lebensstil – spät aufstehen, lange aufbleiben, kiffen. Ich wusste, dass mein Einfluss auf seine Art zu leben vorbei war. Andererseits war mir klar, dass dieser Auszug endgültig sein würde, und ich war traurig, dass unser gemeinsames Leben damit wirklich vorbei war. Ich habe ihm packen geholfen und gemeinsam mit ihm geweint.«

Besonders schmerzhaft kann der Auszug eines erwachsenen Kindes sein, wenn er abrupt und ohne vorherige Absprache erfolgt, so wie Viola das erleben musste:

»Laura ist ohne Absprache zu ihrem Freund gezogen, während wir in Urlaub waren. Sie war 18 Jahre alt. Ich war zunächst empört und traurig, dass sie den Umzug nicht mit uns besprochen hat. Sehr verärgert war ich, mit welcher Selbstverständlichkeit sie Unterhaltszahlungen forderte. Das alles entsprach ganz und gar nicht meinen Erwartungen, weil sie damals ja noch zur Schule ging. Nach und nach gewöhnte ich mich aber an den Zustand und habe die Situation dann akzeptiert. Wenn wir heute – viele Jahre später – über diesen plötzlichen Auszug sprechen, wird sie ganz verlegen. Und sie hofft, dass ihre Kinder es später nicht so machen werden …«

Häufige Motive, warum wir ein Kind schwer gehen lassen können, sind:

- Wir verstehen uns mit ihm besonders gut, sind uns sehr ähnlich oder haben es einfach besonders gerne bei uns;
- das Kind tut uns irgendwie gut, es bestätigt uns, bereichert unser Leben auf besondere Weise und wir erleiden durch seine Abwesenheit einen massiven Verlust;
- wir mussten uns schon immer besonders viele Sorgen um das Kind machen, z. B. weil es häufig krank war, Probleme in der Schule hatte oder keine Freunde hatte;
- wir haben bereits die Erfahrung gemacht, dass das Kind in schwierigen Situationen »gescheitert« ist;
- wir halten unser Kind nicht für stark und selbstbewusst genug, alleine klar zu kommen (unabhängig davon, ob das stimmt oder nicht).

Viel leichter fällt es uns dagegen, das Kind ausziehen zu lassen, wenn Folgendes der Fall ist:

- Wir trauen dem Kind viel zu, halten es für selbstständig und durchsetzungsfähig;
- es hat schon bewiesen, dass es auch Krisen gut meistert oder insgesamt ein optimistischer, lebenslustiger Typ ist;
- wir können uns sicher sein, dass der Kontakt nachher genauso gut oder ähnlich gut sein wird wie jetzt oder dass die Beziehung vielleicht nur besser werden kann;
- wir haben das Gefühl, vom Kind noch sehr stark gefordert zu werden, und uns wird das langsam zu viel und zu anstrengend;
- die Konflikte werden zu groß und die Bedürfnisse der Generationen klaffen zu weit auseinander, es gibt keine Einigung in wichtigen Fragen und zu Hause herrscht ständig schlechte Laune;
- es zieht nur ein paar Straßen weiter weg und wir haben das Gefühl, noch ein bisschen Kontrolle ausüben zu können;
- das Kind muss notwendigerweise, also aus Sachzwängen ausziehen, etwa weil es in einer anderen Stadt einen Studien- oder Ausbildungsplatz bekommen hat;
- das große Kind macht keinerlei Anstalten, im Haushalt mitzuhelfen und benimmt sich auch sonst eher wie ein kleines Kind.

Und selbst wenn es uns leicht fiel, unser erstgeborenes Kind gehen zu lassen, so kann das beim Jüngsten und Letzten dann umso schwieriger ausfallen. So ging es auch Sabine:

»Ich fand es sehr gut, als mein 24-jähriger Sohn mir eröffnet hat, dass er ausziehen wird. Ich dachte: ‚Er kann kochen, nähen, waschen, er ist alt genug, das wird schon klappen‘ Bei meinem jüngeren Sohn, der ja auch schon 21 ist, mache ich mir viel mehr Gedanken, ob er das schaffen wird und ob es ihm dann auch gut gehen würde. Vielleicht liegt es daran, dass er der Jüngere ist und ja auch irgendwie immer bleibt.«

Vielleicht ist der Jüngere aber auch einfach ein schüchterner Typ, der sich nicht so problemlos durchsetzen kann wie sein großer Bruder oder der insgesamt schon mehr Enttäuschungen wegstecken musste; wir wissen es nicht. Es wird aber immer einen Grund geben, warum wir das eine »Kind« besser ziehen lassen können als das andere. Manchmal sind uns die Gründe hierfür bewusst, manchmal nicht. Mögliche Gründe, die uns nicht bewusst sind, könnten sein:

- Das letzte Kind bringt mit seinem jugendlichen Elan noch ein bisschen Schwung in die Bude, der uns dann fehlen würde;
- wir haben unbewusst Angst davor, dass das Leben als Paar oder als Single ohne Kinder womöglich einsam oder vielleicht sogar langweilig ist;
- wir haben Angst davor, nicht mehr gebraucht zu werden;
- wir befürchten, dass alte Konflikte mit unserem Partner aufbrechen könnten, die aufgrund der Familiensituation in den Hintergrund geraten waren;
- es wird uns dann deutlich werden, ob die Partnerschaft überhaupt noch etwas taugt;
- es muss uns dann unwiederbringlich klar werden, dass die Ära »Familienleben mit jüngeren Kindern« endgültig vorbei ist, und ich möchte vermeiden, mich zum »alten Eisen« zählen zu müssen.

Tipp: Persönliche Sorgenliste schreiben und prüfen

Wenn Sie Schwierigkeiten haben, Ihr Kind gehen zu lassen – fallen Ihnen die Gründe ein, warum das so ist? Was sind Ihre schlimmsten Befürchtungen?

Beispiele:
Er/sie ist doch noch zu unreif/zu zart/zu naiv für diese Welt …
Er/sie hat zu wenig Durchsetzungsvermögen.
Er/sie kann (noch) nicht mit Geld umgehen.
Er/sie hängt dann nur noch vor dem PC!
Er/sie lässt sich emotional schnell ausnutzen und verfolgt seine/ihre eigenen Ziele nicht konsequent …
…

Notieren Sie Ihre Sorgen stichwortartig und prüfen Sie, ob sie wirklich gerechtfertigt sind. Überlegen Sie: Woran würden Sie merken, dass eine bestimmte Sorge unberechtigt ist? Wie könnten Sie das erfahren? Sprechen Sie mit anderen Menschen über Ihre Befürchtungen, vor allem mit Freunden, die Ihr Kind auch gut kennen. Vielleicht sehen Sie noch andere Aspekte, Ressourcen und Fähigkeiten an Ihrem Kind, die Sie so noch nicht wirklich wahrgenommen haben?

Tipp: Pluspunkte sammeln

Sammeln Sie auf einer anderen Liste nur die positiven Eigenschaften, Stärken und Fähigkeiten Ihres Kindes und vervollständigen Sie diese von Zeit zu Zeit. Kramen Sie sie in Phasen wieder hervor, wenn Sie von Zweifeln erfüllt sind oder sich besondere Sorgen machen. Lesen Sie sich die Pluspunktliste gründlich durch, vielleicht gibt es sogar noch etwas zu ergänzen? Schreiben Sie auch Beispiele auf, wie Ihr Kind schwierige Situationen gemeistert hat. Prüfen Sie: Hilft es Ihnen, Ihr Kind innerlich loszulassen, wenn Sie sich die Stärken und Ressourcen Ihres Kindes immer mal wieder bewusst machen?

Mit Tränen, Stolz und Sorge: das mütterliche Gefühls-Karussell

Selbst wenn Mütter den Auszug ihrer groß gewordenen Kinder als notwendigen und angemessenen Schritt empfinden, kann es durchaus zu ungeahnt heftigen emotionalen Reaktionen kommen. So wie bei Friederike, als ihre erste Tochter auszog:

»Wir kamen fröhlich von einem Wochenendausflug nach Hause und das ‚Kinderzimmer' war komplett leer geräumt. Sogar der Boden war gewischt und die Vorhänge waren abgehängt. Wir wussten natürlich vorher schon, dass Sarah und ihre Freunde den Umzug an diesem Wochenende machen wollten. Doch als ich dann dort in dem Zimmer stand, überkam mich plötzlich eine solche innere Leere und ich fühlte einen solchen Stich im Herzen, dass mir sofort die Tränen über die Wange liefen. Ich konnte mich minutenlang gar nicht einkriegen. Das ging dann ein paar Tage so, dass ich immer mal wieder von heftigen Heul-Attacken überrollt wurde, aber mit der Zeit stellte sich eine angenehme innere Ruhe ein. Ich betrat ab und zu das leere Zimmer und trauerte und freute mich gleichzeitig darüber, dass ich einen so große, tolle Tochter hatte, die von nun an auf eigenen Beinen stehen würde.
Ich muss ehrlich sagen, dass ich auf die Heftigkeit dieser Gefühle überhaupt nicht vorbereitet war. Ich meine, ich wusste ja von ihren Plänen und hatte sie aus vollem Herzen unterstützt. Doch dann traf mich die Realität wie ein Blitz: Mein ‚Kind' war ausgezogen, ich hatte als Mutter

vorerst ‚ausgedient'. Sie hatte durch ihren Auszug eine neue Ära eingeläutet, und ich hatte keine Ahnung, wie sie werden würde.«

Es ist kein Widerspruch, rational das Ausziehen des Kindes für angemessen zu halten, gleichzeitig aber emotional heftig daran zu knabbern. Im Gegenteil: Es ist ganz normal, dass wir vom Kopf her etwas verstanden haben, die Psyche aber noch hinterherhinkt. Ein indianisches Sprichwort lautet: »Die Seele geht zu Fuß.« Wir können von uns nicht erwarten, dass wir ein so gravierendes Erlebnis wie den Auszug eines geliebten Menschen aus unserer Wohnung einfach gelassen zur Kenntnis nehmen und mal eben so zur Tagesordnung übergehen.

Unsere Psyche braucht in der Regel recht lange, um sich mit tiefgreifenden Veränderungen abzufinden oder gar anzufreunden. Selbst wenn diese gewollt, erwünscht und sogar von uns selbst initiiert sind, irritieren sie uns doch zutiefst und durchkreuzen unser grundlegendes Bedürfnis nach Sicherheit und Beständigkeit. Dazu kommen noch jede Menge Fragen und Unsicherheiten, wie immer, wenn wir uns im Umbruchphasen befinden: Das Alte existiert nicht mehr, das Neue gibt es noch nicht. In dieser verunsichernden Zwischenphase sind wir naturgemäß anfällig für sehr wechselhafte Gefühle und Stimmungen.

Stehen Sie zu Ihren Gefühlen und seien Sie freundlich zu sich

- Geben Sie sich und Ihren Gefühlen Raum und vor allem Zeit, sich an die große Veränderung zu gewöhnen.
- Seien Sie nicht streng mit sich, sondern gehen Sie verständnisvoll mit sich um.
- Achten Sie in dieser schwierigen Umbruchphase sehr genau auf Ihre Bedürfnisse: Ist Ihnen mehr nach Rückzug oder Austausch zumute? Was tut Ihnen gut, was weniger?
- Vielleicht kann nicht jeder Ihre Gefühlslage nachvollziehen. Von Eltern erwachsener Kinder wird allgemein erwartet, dass sie sich vernünftig verhalten und souverän zeigen. Überlegen Sie also gut, wem Sie sich mit Ihren möglicherweise ambivalenten Gefühlen zeigen können und wollen.
- Beachten Sie aber: Ihr erwachsenes Kind, das auf dem Sprung ins eigene Leben ist, ist nicht zuständig dafür, Sie zu trösten oder zu stärken. Denn es hat mit sich und den neuen Herausforderungen genug zu tun. Verkneifen Sie sich Kontrollanrufe. Melden Sie sich, wenn

Ihnen danach ist, aber nicht, um sich trösten zu lassen oder Informationen einzufordern.

Viele Mütter erleben den Auszug des ersten Kinds ähnlich wie Friederike: mit höchst gemischten Gefühlen. Typisch ist auch eine Art Schockstarre: Und nun? Was mach ich jetzt? Rat- und Hilflosigkeit, manchmal auch Verzweiflung sind klassische und verständliche emotionale Reaktionen auf große Veränderungen. Seien Sie aber getrost: Der erste Schock ist meistens relativ rasch verarbeitet. Und wenn etwas endet, beginnt stets auch etwas Neues. Seien Sie neugierig auf dieses Neue, auch wenn es sich zunächst merkwürdig, leer oder hohl anfühlt. Die neu entstandene Lücke lässt sich füllen – wenn Sie bereit dazu sind.

Denken Sie daran: Alles, was Sie fühlen, ist gut und »richtig«. Wenn Sie keine oder keine besonders große Trauer spüren, heißt das natürlich nicht, dass Sie Ihr Kind nicht lieben! Wenn Sie sehr traurig sind und regelrecht leiden, heißt das auch noch lange nicht, dass Sie Ihr Kind nicht loslassen können.

Nehmen Sie sich an, mit allem, was Sie fühlen und auch dem, was Sie nicht fühlen. Jeder Mensch reagiert auf Veränderung individuell, und lassen Sie sich nicht von anderen Müttern oder Vätern verunsichern. Es gibt keine »falschen«, »übertriebenen« oder »unangemessenen« Gefühle.

Lieben Väter anders? Wie Männer den Auszug Ihres volljährigen Kindes erleben

Oft haben Mütter mehr Schwierigkeiten, sich von den Kindern abzulösen als die Väter. Das mag daran liegen, dass Mütter die engere Bindung an ihre Kinder haben oder aber sich selber stark über ihr Mutterdasein identifiziert haben. Oft können Väter dann auch pragmatischer und ruhiger mit dem Auszug und der Verselbstständigung der Kinder umgehen; manchmal fehlt ihnen dann die Geduld und das Verständnis für die Trauer der Partnerin.

Manchmal ist es aber auch genau umgekehrt, und den Vätern fällt es schwerer, sich aus dem Leben der groß gewordenen Kinder herauszuhalten. Weil sie fürchten, plötzlich keinen Einfluss mehr nehmen zu können, fallen sie dann mitunter mit vielen Tipps und Ratschlägen über ihre Kinder her – freilich etwas verspätet und auch oft nervig für die jungen Erwachsenen, die mit der plötzlich überschäumenden Sorge des Vaters nicht so recht etwas anzufangen wissen.

Manchen Vätern wird auch erst nach dem Auszug des Kindes klar, dass sie eigentlich viel zu wenig Zeit mit ihm verbringen konnten, und sie leiden dann unter dem Gefühl, etwas Unwiederbringliches verpasst zu haben. Habe ich mit meiner Tochter über die wirklich wichtigen Dinge des Lebens geredet? Habe ich meinem Sohn einen gangbaren Weg in die Welt gezeigt? War ich ein gutes Vorbild?

Auf jeden Fall konfrontiert der Auszug des Kindes auch die Väter mit der Frage: War ich ein guter Vater, habe ich meinem Kind das nötige Rüstzeug mitgegeben, das es in der Welt braucht? Je unsicherer Väter in Bezug auf ihre geleistete Erziehungsarbeit sind, desto heftiger werden sie auf den Weggang des Kindes emotional reagieren. Es kann aber genauso gut sein, dass all diese Gefühle schön gedeckelt und unter Verschluss gehalten werden, wenn der Mann nicht willens ist, sich mit seiner Rolle als Vater auseinanderzusetzen oder dies aus irgend einem Grund nicht kann.

Laut Erich Fromm ist der Vater derjenige Elternteil, der dem Kind »den Weg in die Welt weist«[6]. Und was empfindet der Wegweiser, wenn das Kind seinen eigenen Weg dann auch tatsächlich antritt? Lassen wir ein paar Väter zu Wort kommen:

Frage: Wie haben Sie den Auszug und Weggang ihres erwachsenen Kinders wahrgenommen?

»Ich habe mich gefreut und bin noch immer stolz auf unseren Sohn, dass er ‘in die weite Welt‘ gezogen ist und sein Leben weitgehend unabhängig von uns Eltern meistert.« (Volker)

»Der Auszug unserer Tochter war schmerzlicher, weil er relativ unvorbereitet und plötzlich kam. Die ‚innere Verabschiedung‘ erfolgte in den folgenden Jahren schrittweise. Den Auszug unseres Sohnes hingegen habe ich bewusster, aber als nicht weniger schmerzhaft erlebt. Es gab im Vorfeld des Auszugs erhebliche Spannungen zwischen ihm und mir, die sich nach dem Auszug relativ schnell reduzierten. Aber auch in seinem Fall gab es reichlich ‚Nachwehen‘, die noch bis heute andauern.« (Martin)

Frage: Hat sich die Beziehung zu Ihrem Sohn/Ihrer Tochter verändert, nachdem er/sie ausgezogen ist?

»Ja. Es ist jetzt mehr eine Beziehung unter Erwachsenen. Ich erlebe meinen Sohn selbstbewusst und zufrieden. Er ist uns gegenüber auch viel gelassener als vor seinem Auszug. Ich weiß aber nicht, ob das eher am Älterwerden liegt oder daran, dass er ausgezogen ist.« (Volker)

»Sowohl bei meiner Tochter als auch bei meinem Sohn hat sich die Beziehung durch den Auszug verändert, und zwar in positiver Richtung. Erziehungsverhalten und Verantwortungsgefühle wurden sehr bald seltener, was ziemlich entlastend wirkte. Unsere Beziehungen gestalteten sich erwachsener und partnerschaftlicher, auch wenn es immer wieder Loslösungskonflikte gab.« (Martin)

»Durch seinen Zivildienst im Ausland ist unser Sohn sehr gereift. Dadurch sind jetzt noch intensivere Gespräche möglich als vorher. Er ist jetzt einfach viel erwachsener und realistischer.« (Thomas)

Frage: Was hat Ihnen geholfen, diese Veränderung als Paar gut zu verarbeiten?

»Als unser Sohn ausgezogen ist, haben meine Frau und ich viel miteinander über unsere Gefühle gesprochen. Wir hatten zum Teil schon sehr unterschiedliche Empfindungen. Uns hat aber beiden sehr geholfen, dass wir uns gegenseitig einfach so lassen konnten.« (Thomas)

Frage: Was hat sich für Sie als Paar verändert, nachdem Ihr Kind ausgezogen war?

»Trotz aller Traurigkeit, die wir manchmal empfinden, genießen wir unsere neuen Freiheiten sehr bewusst. Meine Freundin kann länger arbeiten, und wir brauchen bei unseren Wochenendplanungen auf niemanden Rücksicht zu nehmen. Wir leben als Paar jetzt wieder selbstbestimmter. Auch spontaner Sex ist endlich wieder möglich. Das empfinden wir als große Befreiung.« (Matthias)

Frage: Machen Sie sich manchmal Sorgen um Ihr erwachsenes Kind?

»Nicht besonders viele. Ich habe Vertrauen in meinen Sohn und darin, dass er sich früh genug meldet, wenn er Hilfe braucht. Als Beispiel möchte ich anführen, dass die Dauer und Häufigkeit von Telefonaten von Anfang an nicht hoch war. Und meistens ist er derjenige, der anruft, um Hallo zu sagen und zu berichten, was so läuft. Wenn ich mich (und uns) mit anderen Eltern vergleiche, die täglich mit ihren ausgezogenen Kindern telefonieren, frage ich mich, ob wir vielleicht etwas nachlässig sind, aber dann stelle ich fest, dass ich mich gut dabei fühle, und ihm geht es offensichtlich genauso.« (Volker)

»Unsere Tochter hat kleine Kinder und ist berufstätig. Da mache ich mir schon immer mal wieder Sorgen, dass sie sich damit vielleicht überfordert. Auch bei meinem Sohn wünsche ich mir immer wieder, dass er endlich seinen Studienabschluss macht und – nach etlichen Trennungen – endlich die ‚richtige Frau' findet.« (Martin)

»Natürlich mache ich mir manchmal Gedanken um meinen Stiefsohn. Manchmal wundere ich mich darüber, dass er noch keine Freundin hat oder denke darüber nach, wie das mal mit dem Studium wird. Außerdem fürchte ich manchmal, dass er sich zu sehr unter Leistungsdruck setzt. Aber eigentlich habe ich auch ganz viel Vertrauen in ihn und bin auch sehr stolz, dass er so mutig in die Welt zieht.« (Thorsten)

Und wie ist es bei Ihrem Mann bzw. Partner? Bzw. bei Ihrer Partnerin?

Wenn Sie wollen, können Sie über diese Fragen miteinander ins Gespräch kommen: Was erleben wir unterschiedlich und wie gehen wir damit um? Wie können wir uns gegenseitig gut tun und was hilft uns, als Paar mit dem Auszug des Kindes gut klar zu kommen?

Feierliches Entlassen aus der Kinderrolle: Die symbolische »Entbindung« als Zeremonie

Leider gibt es für den wichtigen Entwicklungsschritt »Eintritt in das Erwachsenenalter« in unserer Kultur kein angemessenes Ritual. In manchen Naturvölkern werden die jungen Menschen auf der Schwelle zum Erwachsensein für ein paar Tage in die Wälder oder die Wüste geschickt, um über ihr bisheriges Leben nachzudenken und innerlich mit ihrer Kindheit abzuschließen. Solche Initiationsriten sind bei uns ungewöhnlich und selten. Nach Firmung, Konfirmation oder Kommunion folgt keine offizielle »Reifefeier« mehr, das dem jungen Erwachsenen den wichtigen Schritt in eine neue Ära angemessen markiert.

Dabei wäre die Volljährigkeit doch durchaus eine würdige Feierlichkeit wert. Ein ritualisiertes Zeremoniell wäre sowohl Abschied von der Kindheit als auch Begrüßung einer neuen Lebensphase. Anders als bei der Geburtstagsfeier stünden hierbei aber Kinder *und* Eltern im Mittelpunkt. Denn die Eltern müssten das Kind durch diesen Ritus ja aktiv bzw. symbolisch freigeben. Umgekehrt entbände auch der junge Erwachsene seine Eltern von der Pflicht, weiterhin ständig für sein physisches und psychisches Wohl sorgen zu müssen.

Vielleicht sollten wir uns einfach ein Ritual ausdenken, das zu uns und unserer Familie passt. Das könnte zum Beispiel sein:

- ein gemeinsam begangener symbolischer Akt: Beauftragen Sie eine Patentante oder eine andere vertraute Person damit, sich ein entsprechendes Ritual auszudenken und dieses auch vor geladenen Gästen nach festen Regel durchzuführen. Etwa: gemeinsam feierlich ein langes Band oder eine Schleife durchzuschneiden;
- ein letzter gemeinsamer Kurzurlaub,
- ein gemeinsam gekochtes Essen,
- ein lustiger Fotoabend mit jeder Menge Bildern aus den Tagen, als unser Kind noch klein war,
- ein von Ihnen feierlich (vor geladenem Publikum) verlesener (Freigabe-)Brief an Ihr großes Kind;
- oder einfach eine gediegene Flasche »Abschiedssekt« inklusive netter Gespräche.

Es kann für den jungen Menschen sehr anrührend und befreiend sein, auf eine so positive und klare Weise in die Welt entlassen zu werden, auch wenn es am Anfang für alle Beteiligten ein schwieriger Schritt sein mag. Und natürlich geht es nicht darum, den Abbruch, sondern eher eine Veränderung innerhalb der Eltern-Kind-Beziehung zu markieren.

Im Übrigen kann man ein solches Ritual natürlich auch dann noch feiern, wenn das Kind schon älter als 18 Jahre ist. Weil diese Ritualisierungen für uns so ungewöhnlich sind, kann es sein, dass Ihr junger Erwachsener zunächst mit Ablehnung auf diese Idee reagiert. Lassen Sie sich davon nicht gleich abschrecken. Vielleicht können Sie ja auch gemeinsam eine passende Idee für ein kleines Zeremoniell entwickeln?

2. Hotel Mama: Abschied auf Raten

Macht Ihr volljähriger Sohn keinerlei Anstalten, das kuschelige Elternhaus baldmöglichst gegen eine Junggesellenbude einzutauschen? Zaudert Ihre 20-jährige Tochter, ihr Teenie-Zimmer aufzugeben, weil es doch zu Hause so gemütlich ist?

Willkommen im Club. Sollten Sie ein solch entzückendes Ü20er-Exemplar bei sich beherbergen, befinden Sie sich heutzutage in bester Gesellschaft. Wollten Sie eine ortsnahe Selbsthilfegruppe für geplagte Nesthocker-Mamis gründen, hätten Sie im Handumdrehen mehr Mitglieder als Stühle im Raum. Vorbei die wilden Zeiten, in denen es lässig war, gleich nach dem Abi oder der abgeschlossenen Ausbildung das Nest zu verlassen und in ferne Länder zu ziehen – oder zumindest in die nächste Großstadt. Und das, obwohl der jungen Generation dank Globalisierung die ganze Welt offensteht!

Was die vielbeschworene Mobilität angeht, zeigen die jungen Menschen eindeutige Tendenzen: Sie bleiben erst mal möglichst lange bei Mami und Papi. Und wenn das aus irgendwelchen Gründen nicht geht, dann parken sie ihre Siebensachen ganz in der Nähe des Elternhauses, am liebsten im selben Ort, zur Not auch im Nachbardorf. 2010 wohnten laut Statistischem Bundesamt in Deutschland 64 Prozent der 18–24-Jährigen noch im Hotel Mama. Globalisierung hin oder her: Die große, weite Welt kann warten. Die laut Shell-Studie 2010[7] von den jungen Leuten so gepriesene Freiheit, in der ganzen Welt reisen, studieren und arbeiten zu können, bleibt derzeit weitgehend ungenutzt. In einer groß angelegten Studie von Spiegel, studiVZ und McKinsey wurden im Jahr 2010 die Umfrageergebnisse von knapp 130 000 Studierenden und Jungakademikern ausgewertet. Ergebnis: Ein eklatanter Mangel an juveniler Reise- und Umzugsfreudigkeit. Die meisten Studierenden ziehen die heimischen Gefilde der Fremde vor, sie studieren am liebsten in ihrem Heimatort, in der Nähe von Familie und Freunden. Die Mehrzahl der deutschen Studierenden will laut Spiegel vom 11.10.2010 »in ihrer kleinen Welt bleiben.« Und weiter heißt es: »Die Umfrage zeigt, dass es mit ihrer Mobilität nicht weit her ist, dass sie oft nicht mal aus dem eigenen Landstrich herauskommen.«[8] Warum in die Ferne schweifen, wenn man es auch bei Mutti nett haben kann?

Generation Bumerang – warum Nesthocken so »in« ist

Der Trend, immer länger bei den Eltern zu wohnen, ist keineswegs auf Deutschland beschränkt: In ganz Europa ist das durchschnittliche Auszugsalter in den letzen 15 Jahren deutlich gestiegen, Ähnliches zeichnet sind auch in den USA ab. In der wissenschaftlichen Fachsprache werden die auszugsunwilligen jungen Menschen als »unvollständig abgelöste junge Erwachsene« bezeichnet, in Großbritannien etwas weniger freundlich als »Kippers« – eine Abkürzung für »Kids in Parent‘s Pockets Eroding Retirement Savings« – was sehr frei übersetzt etwa so viel heißt wie: »Kinder, die ihren Eltern die Haare vom Kopf fressen« bzw. etwas präziser übersetzt: »Kinder, die die Rentenersparnisse ihrer Eltern aufbrauchen«. Besonders lange hängen die volljährigen Kinder ihren Müttern in Italien und Spanien am Rockzipfel.

Dabei sind es überwiegend Männer, die das elterliche Dach über dem Kopf (und vermutlich die damit verbundenen Serviceleistungen) nicht missen möchten. Frauen ziehen tendenziell früher weg – entweder wegen eines guten Jobs oder eines Partners. Der typische Nesthocker ist männlich, gut ausgebildet und weitaus häufiger im ländlichen Gebiet denn in der Großstadt anzutreffen.

Insgesamt scheint das Nesthocker-Syndrom ein Phänomen der Mittelschicht zu sein. Schließlich ist ein Studium teuer und langwierig, zumal jetzt noch vielerorts Studiengebühren eingeführt wurden, und in einem Reihen- oder Einfamilienhaus ist schließlich oft genug Platz, um sich nicht allzu heftig gegenseitig auf die Füße zu treten. »Je komfortabler die Wohnbedingungen im Elternhaus, desto höher die Wahrscheinlichkeit, dass junge Erwachsene den status quo lange aufrecht erhalten«, resümiert die Entwicklungspsychologin Christiane Papastefanou, sie sich intensiv mit dem Nesthocker-Phänomen beschäftigt hat. »Der erwartete Gewinn des eigenständigen Wohnens ist nicht hoch genug, um diesen Schritt in die Ungewissheit zu vollziehen.«[9]

Bezahlbarer Wohnraum ist vor allem in großen Städten ohnehin ein knappes Gut, da ist es unter dem Dach bei Mama und Papa günstiger – auch für die Eltern, die dann nicht allzu tief in die eigene Unterhalts-Tasche greifen müssen.

Auch die Familiengründung wird tendenziell immer weiter nach hinten verschoben. Doch wenn ich vielleicht erst mit 35 mein erstes Kind bekomme, warum sollte ich dann mit Mitte 20 schon ausziehen?

Die Jung-Erwachsenen bleiben aber nicht nur immer länger zu Hause wohnen, sondern sie kehren auch immer häufiger dorthin zurück – etwa, wenn eine Beziehung scheitert, wenn sie das Studium schmeißen, den Job verlieren oder in einer anderen persönlichen Krise sind, in der sie den elterlichen Beistand und eine sichere Bleibe besonders gut gebrauchen können. Manche residieren nur kurzzeitig in ihrem alten Kinderzimmer, um mental aufzutanken, sich aufpäppeln zu lassen, die berufliche oder private Krisenphase gut zu überbrücken. Andere richten sich durchaus wieder dauerhaft zu Hause ein. Sprachkreative Soziologen prägten für dieses Phänomen des Wiederkehrens den Begriff der »Generation Bumerang«.

Es liegt auf der Hand, dass diese gesamtgesellschaftliche, ja sogar europaweite Entwicklung nicht ausschließlich individuelle Gründe hat, sondern etwas mit veränderten sozioökonomischen Rahmenbedingungen zu tun haben muss. Eine besonders wichtige Rolle spielt dabei der komplexer, komplizierter und vor allem unsicherer gewordene Arbeitsmarkt. Auch haben sich die Ausbildungszeiten verlängert: Obwohl Kinder heute früher denn je in die Pubertät kommen, landen sie doch viel später als noch vor ein paar Jahrzehnten im Berufsleben – und das oft nur unter Überwindung so mancher Durststrecke und über Umwege. Nicht selten gibt es zwangsverordnete Wartezeiten, etwa wenn kein passender Studien- oder Ausbildungsplatz zu finden war. In Überbrückungsphasen, in denen die jungen Leute etwa ein freiwilliges soziales oder ökologisches Jahr oder ein Berufsfindungs-Praktikum absolvieren, kann man sich die eigene Logis meist nicht leisten. Erschwert wird das Ganze noch dadurch, dass nicht genau feststeht, wie, wann und wo es dann anschließend ausbildungsmäßig und beruflich überhaupt weitergeht.

Und wenn dann doch endlich der Arbeitsvertrag für den ersten Job ergattert ist, ist dieser heutzutage fast immer zunächst zeitlich befristet. Wie also langfristig einen Aus- und Umzug planen, wenn die berufliche Entwicklung sich in die Länge zieht und sich nichtlinear, um nicht zu sagen: reichlich chaotisch gestaltet? Bei so viel Unsicherheit ist ein stabiles Zuhause bei den Eltern Gold wert, vor allem, weil es günstig zu haben ist und zusätzlich noch die gewohnte Sicherheit bietet. Die Flexibilität der Arbeitswelt erfordert offensichtlich einen dauerhaften Standort, an den man zumindest immer wieder zurückkehren kann. Und das ist bis 30 eben oft das Elternhaus.

Übrigens sorgt mittlerweile auch Vater Staat dafür, dass volljährige Kinder unter bestimmten Umständen gar nicht von zu Hause weggehen können bzw. im schlimmsten Fall wieder nach Hause zurückziehen müssen. Denn eine Änderung der Hartz IV-Gesetze hat im Jahr 2006 bewirkt, dass Arbeitslose unter 25 zunächst ihre Eltern anbetteln müssen, bevor sie staatliche finanzielle Unterstützung erhalten. Der Gesetzgeber hat kurzerhand 18–25-Jährige mit ihren Eltern zu einer »Bedarfsgemeinschaft« zusammengefasst. Das bedeutet nichts anderes, als dass zunächst die Einkommensverhältnisse der Eltern geprüft werden, bevor der Heranwachsende Arbeitslosengeld bekommt. Verdienen oder besitzen die Eltern »zu viel«, müssen sie ihre volljährigen arbeitslosen Kinder hinfort beherbergen und durchfüttern.

Aus Mangel an Konflikten – der Spätauszug als Erziehungserfolg?

Es ist also schlichtweg ökonomische Abhängigkeit, die die jungen Leute so lange an zu Hause bindet – freilich oft genug gepaart mit einem leichten Hang zum Luxus. Zumindest haben sie nichts gegen eine gewisse materielle Grundausstattung. Und spielt nicht gelegentlich auch ein wenig Bequemlichkeit hinein?

Nahmen wir früher quasi jeden Job an und fast jede abgerissene Bude in Kauf, nur um einen Hauch von (vermeintlicher) Freiheit und Unabhängigkeit zu erhaschen, so finden viele junge Leute es nicht unbedingt nötig, sich zusätzlich abzurackern, nur um dann in einer wenig luxuriösen Wohngemeinschaft oder in einem schlichten Studentenkabuff zu landen. Wozu Kompromisse eingehen, wenn man es bei Mutti doch viel schicker hat und ein gewisses Komfortniveau bereits vorhanden ist? Das Ideal, möglichst schnell um jeden Preis unabhängig zu werden, hat lange ausgedient. Auch vorbei sind die (pseudo)lässigen Zeiten, in denen man lieber arm als spießig sein wollte. Heute ist man gerne locker drauf, aber gleichzeitig materiell gut ausgestattet und wohlig versorgt. Für die Generation Nesthocker ist das offensichtlich überhaupt kein Widerspruch mehr. Ein riesiger Flachbildfernseher, Smartphone und der obligatorische Spielkonsolen-kompatible Hochleistungs-PC, ein mobiles Notebook, der Führerschein und am besten auch noch gleich ein kleines Auto gehören mittlerweile ja (fast) zur Standardausstattung jedes Jung-Erwachsenen.

Das war in den 70ern komplett anders. Abgesehen davon, dass es das alles ja noch nicht gab. Man war rebellisch und wollte früh autonom sein, es war cool, sich der Autorität der Eltern zu entziehen und sein »eigenes Ding« zu machen. Sich schnell und gründlich von der älteren Generation abzugrenzen und zu emanzipieren, hatte oberste Priorität. So war der damalige Zeitgeist, er wehte heftig über uns hinweg. Und so ist es nur verständlich, dass viele Eltern dieser Generation sich nun verwundert darüber die Augen reiben, wenn der Filius so gar nicht nach draußen in die Freiheit drängt, sondern im Alter von 20 Jahren immer noch gerne seine Füße unter unserem Tisch ausstreckt und das darauf angerichtete Abendessen fröhlich genießt, ohne das Gefühl zu haben, das Abenteuer Leben da draußen gerade irgendwie zu verpassen.

Schon in den 90er Jahren kamen Forscher zu dem Ergebnis, dass »junge Erwachsene es akzeptabel finden, über das ‚übliche' Alter hinaus Unterstützung von ihren Eltern anzunehmen, ohne dafür eine entsprechende Gegenleistung (z. B. Miete) zu erbringen.«[10] Na klar, wenn Mütter und Väter das auch klaglos dulden!

Die junge Generation ist insgesamt weniger idealistisch, weniger blauäugig und weniger geprägt von dem Gefühl, alles anders machen zu müssen. Sie hat offensichtlich ganz andere Themen, mit denen sie sich herumschlagen muss. Eines davon ist die unsichere Arbeitsmarktlage.

Wissenschaftlerinnen und Wissenschaftler der Shell Studie 2010 bescheinigen den jungen Erwachsenen von heute jedenfalls eine große Portion Pragmatismus. Soll heißen: Sie haben keine Flausen im Kopf und versuchen das Beste aus ihrer schwierigen Ausgangslage zu machen. Man könnte das auch durchaus Tapferkeit oder Stärke nennen. Oder Zweckoptimismus.

Im Übrigen sind wir daran, dass sich unsere großen Kinder bei uns überwiegend wohl fühlen, ja selber schuld – wenn auch im ganz positiven Sinne! Denn wir haben unsere Kinder schließlich ganz anderes erzogen als die meisten von uns noch erzogen wurden. War in den 50er und 60er Jahren die Prügelstrafe noch ein gängiges, sozial akzeptiertes Erziehungsmittel, so haben wir uns hiervon radikal und konsequent abgewendet. Unsere Kinder haben es nicht mehr nötig, sich mit Gewalt und unter großem Protestgeschrei von uns loszureißen. Ihnen fehlt dazu schlicht das entsprechende Feindbild, da wir mit ihnen nicht mehr so autoritär und restriktiv umspringen, wie das in früheren Elterngenerationen so üblich war. Wie nehmen unsere Kinder schon sehr früh als eigenständige Persönlichkeiten mit eigenen Ideen wahr und ihre individuellen Bedürfnisse ernst. Wir bemühen uns darum, sie zu verstehen. Auch in den schlimmsten Phasen wie etwa der Pubertät halten wir zu ihnen und versuchen ihr unverständliches, oft kränkendes Tun irgendwie nachzuvollziehen.

Und sie dürfen ihr eigenes Liebesleben leben – auch in den gemeinsamen vier Wänden. Die Freundin oder den Freund über Nacht mit einzuquartieren, war in gut bürgerlichen Elternhäusern der 70er und 80er Jahre ein absolutes No-Go. Heute machen wir uns eher Gedanken darüber, wie man der neuen Flamme des Sohnes oder der Tochter am Frühstückstisch angemessen begegnen kann, ohne allzu peinlich zu wirken. So ändern sich die Zeiten. Es ist wohl kaum übertrieben, hier von einem radikalen Wertewandel zu sprechen.

Warum um alles in der Welt sollten diese Menschen also den Aufstand proben, wenn sie doch das Gefühl haben, sich auch in unserer Nähe frei entfalten zu können? Unser toleranter und demokratischer Erziehungsstil macht es möglich, dass sich die Kinder auch dann noch ganz gerne bei uns aufhalten, wenn sie im eigentlichen Sinne schon gar keine mehr sind. Eine größere Verbesserung in Sachen Kindererziehung kann ich mir kaum vorstellen. Meiner Ansicht nach können wir darauf ruhig ein bisschen stolz sein. Finden Sie nicht?

Ein Kinderzimmer ist ein Kinderzimmer – Nesthocken, psychologisch betrachtet

Verständlich ist das Nesthocken der jungen Menschen also schon. Die Welt ist komplexer geworden. Ihr Verhältnis zu uns Eltern ist selten von Generationskonflikten überschattet, wie das früher häufig der Fall war. Die Familie bietet eine emotionale Stütze in der Berufsfindungsphase, die oft holprig vonstatten geht. Mama und Papa geben Sicherheit in Umbruchsituationen und stärken den Rücken in schwierigen und unsicheren Lebensphasen. Und das ist im Prinzip auch gut so.

Dann kann man doch auch ruhig zu Hause wohnen bleiben, oder? Ja sicher. Vorausgesetzt, es geht allen gut damit. Und das ist eben manchmal das Problem.

Denn es gibt durchaus »Kinder«, die sich eigentlich gerne abnabeln würden, sich aber nicht so recht ins ganz eigene Leben hineintrauen, den

Schritt in die Selbstständigkeit nicht wirklich wagen. Die praktischen Gründe wie ökonomische Anhängigkeit und berufliche Unsicherheit sind dann zwar nicht falsch oder von der Hand zu weisen, aber manchmal doch auch eher vorgeschobener Natur. Selbst wenn sie selbstbewusst und frei heraus sagen: »Ich habe es nicht eilig, von zu Hause loszukommen«, kann dahinter eine Riesenportion Angst oder Unsicherheit sitzen.

Vom psychologischen Standpunkt aus betrachtet, gibt es für ein zögerliches Eintreten in die Phase des Erwachsenenalters immer plausible, tiefer liegende Gründe – ob wir diese nun kennen oder nicht. Meistens liegen sie im Dunkeln des Unbewussten verborgen und schlummern dort gemütlich vor sich hin, ohne je ans Tageslicht geholt zu werden. Sie verstecken sich hinter den rational und klug klingenden Begründungen, so dass sie sich dem kognitiven Zugang oftmals entziehen. Fragen allein bringt also meistens nichts, hierdurch wird eher die Abwehr produziert. Ein Beispiel hierfür: Wenn Sie das Gefühl haben, dass Ihr Kind sich nicht traut auszuziehen, und Sie es dann fragen: »Wovor hast du denn Angst?«, käme wahrscheinlich recht prompt die Antwort: »Ich habe keine Angst! Ich habe eben einfach nur noch keine Lust auszuziehen.«

Das kann natürlich stimmen. Dann wohnt Ihr Kind einfach nur aus Bequemlichkeit zu Hause und will es sich bei Ihnen gut gehen lassen, weil es keine Lust hat, die Eigenleistungen für eine separate Haushaltsführung aufbringen zu müssen.

Eine solche Reaktion (»Ich habe keine Angst!«) kann aber auch der Versuch sein, diese latente Angst nicht wahrnehmen zu müssen, sie zu unterdrücken. Das ist ein menschlicher Reflex, der sich sehr häufig einstellt, wenn wir uns schützen und uns unangenehme Gefühlszustände vom Hals halten wollen. Man nennt es eine klassische Abwehrreaktion.

Und es wäre in der Tat höchst ungewöhnlich, wenn ein solch gravierender Umbruch wie der Auszug aus dem Elternhaus tatsächlich völlig angst- und sorgenfrei vonstatten ginge.

Was bräuchten unsere Kinder, um den wichtigen Schritt der Abnabelung endlich gehen zu können? Was hindert sie daran, ihr Leben wirklich selbst in die Hand zu nehmen und sich freundlich, aber deutlich von Mami und Papi zu verabschieden? Die Ursachen hierfür sind naturgemäß individuell sehr unterschiedlich und hängen stark von der Persönlichkeitsstruktur des »Kindes«, aber auch der Familiensituation ab. Und meistens sind es tiefer liegende Themen, die Kinder und Eltern massiv aneinander binden, oft auch auf sehr hinderliche Art. Es gibt gestandene Manager, die finanziell selbstständig und auch vordergründig sehr erfolgreich im Leben sind und die trotzdem auf ziemlich ungute Art mit ihrem Vater oder ihrer Mutter verstrickt sind. Es gibt auch gut ausgebildete junge Frauen, die den Sprung ins Karriereleben nicht wagen, weil sie damit ihre im Beruf erfolglose Mutter kränken könnten. Solche Verwicklungen sind sehr häufig und funktionieren völlig unabhängig davon, ob man zusammen unter einem Dach wohnt oder nicht.

Wenn Sie sich ernsthaft Sorgen darüber machen, warum Ihr »Kind« sich nicht in die Welt hinaustraut und nicht nur finanziell, sondern auch emotional und mental noch stark von Ihnen abhängig zu sein scheint, dann ist Ihr Einsatz und ein wenig Fingerspitzengefühl gefordert.

Prinzipiell gilt es natürlich, die Abwehr zu akzeptieren und nicht à la »Ich merk doch, dass da was ist« weiterzubohren. In der Regel blocken Menschen ab, wenn sie das Gefühl haben, dass jemand aus ihnen etwas herauskitzeln will, was sie lieber nicht spüren und schon gar nicht zeigen möchten.

Das heißt natürlich nicht, dass Sie nicht trotzdem versuchen sollten, mit Ihrem Sohn oder Ihrer Tochter ins Gespräch zu kommen. Doch ich würde Ihnen empfehlen, einen andern Weg zu beschreiten, nämlich den der Selbstoffenbarung: Reden Sie *von sich* und *über Ihre Erfahrungen und Gefühle*. Setzen Sie sich bei Gelegenheit mit Ihrem Sohn oder Ihrer Tochter zusammen und berichten Sie von Ihren eigenen Auszugs- und Ablösungserfahrungen. Erzählen Sie möglichst offen von Ihren damaligen Ängsten und Sorgen, von Ihren inneren Nöten und Unsicherheiten, aber auch von Ihrer Aufregung, Freude und Zuversicht. Erzählen Sie alles, was Ihnen selber damals wichtig war.

Aber sind Ihnen diese Lebensphase und die damit verbundenen Empfindungen überhaupt noch präsent? Dann rasch in der Erinnerungskiste gekramt: Wie war das damals eigentlich genau?

Tipp: Wie war es bei mir? Über die eigenen Erfahrungen reden statt Tipps geben

Wie alt waren Sie, als Sie aus Ihrem Elternhaus ausgezogen sind?
Waren Sie – aus heutiger Perspektive betrachtet – reif genug?
Wollten Sie ausziehen oder wollten Ihre Eltern das? Oder war Ihr Auszug dem Umstand geschuldet, dass Sie wegen einer Ausbildung oder eines Studiums die Stadt wechseln mussten?
Was hat der Gedanke auszuziehen in Ihnen ausgelöst?
Wie war Ihr Verhältnis zu Ihren Eltern zu dieser Zeit?

Hatten Sie Freunde, die zur gleichen Zeit von zu Hause weggezogen sind? War das ermutigend?
Erinnern Sie sich an Ihre erste Wohnung: Wie war sie ausgestattet, wie sah sie aus? Haben Sie mit jemandem zusammengewohnt? Gab es eventuell Ärger?
Haben Sie sich gelegentlich einsam gefühlt?
Was war damals leicht, was war schwieriger?
Was hätten Sie sich von Ihren Eltern gewünscht?
Wer oder was hat Ihnen geholfen, diese Umbruchphase gut zu meistern?
Was hätten Sie noch gebraucht?
...

Wenn Sie Ihrem »Kind« erzählen, wie es bei Ihnen war, tun Sie das bitte nicht in der pädagogischen Erwartung, dass es dann sofort anfängt, seine eigenen Gefühle hervorzusprudeln. Ihre Selbstoffenbarung kann ihm aber einen wichtigen Anstoß geben, sich über bestimmte Dinge Gedanken zu machen. Außerdem stellt man damit die Basis für eine bestimmte Offenheit her. Möglicherweise kommt Ihr Sohn oder Ihre Tochter ins Nachdenken und Nach-Spüren: Ist es bei mir ähnlich? Was ist anders? Es kann für »Kinder« sehr hilfreich sein zu hören, dass die Eltern schließlich auch ihre Nöte hatten. Sie erhalten dadurch auch eine Art Legitimation, erstens Ängste oder Sorgen *haben zu dürfen*, zweitens Ängste oder Sorgen *spüren zu dürfen* und drittens Ängste oder Sorgen auch *äußern zu dürfen*.

Aber auch Ihnen selbst kann es helfen, noch einmal einen Blick in vergangene Zeiten zu werfen. Erstens können Sie selbst prüfen, wie Sie es eigentlich gemeistert haben, sich von Ihren Eltern zu lösen, diese wichtige Reise sozusagen noch einmal innerlich nachvollziehen. Und zweitens können Sie sich dadurch noch einmal sehr gut vergegenwärtigen, wie sich womöglich Ihr Kind gerade fühlen *könnte*. Über Erinnerungen und Einfühlung kommt man einer anderen Person sehr häufig emotional wesentlich näher als über den rein kognitiven Gedankenaustausch. Das erleichtert das Verständnis füreinander und liefert mit Sicherheit die ein oder andere interessante Erkenntnis.

»Bin ich schuld?« Das schlechte Gewissen als Erkenntnis-Bremse

Ökonomische Gründe hin oder her: Liegt es vielleicht doch nicht nur an den äußeren Umständen? Sind es vielleicht doch ein bisschen wir Eltern, die sich an die Kinder klammern und sie nicht ziehen lassen können?

Natürlich gibt Eltern, die die Loslösung der Kinder zutiefst fürchten und sie unbewusst hintertreiben, ohne sich das selbst eingestehen zu können. Viele Eltern werden von ambivalenten Gefühlen geplagt: Einerseits hätte man ja gerne mehr Ruhe, mehr Zeit für sich, weniger Arbeit. Wäre da nicht das Andererseits: Was kommt, wenn die Kinder weg sind? Ist dann Leere, Stille, Einsamkeit? Was mache ich dann mit mir, meiner Zeit, meiner Partnerschaft, meinem Leben?

Viele Mütter von Spätauszieher-Kindern fragen sich auch gelegentlich, ob sie womöglich etwas falsch gemacht haben. Ob sie schuld daran sind, dass ihr Kind sich anders, respektive langsamer oder chaotischer entwickelt, als sie sich das vorgestellt haben.

Das ist insofern verständlich, als nach wie vor den Müttern für alle vermeintlichen Fehlentwicklungen die Schuld in die Schuhe geschoben wird. Und natürlich gibt es auch eine gewisse Wahrscheinlichkeit, dass wir uns unseren lieben Nesthocker systematisch selbst herangezüchtet haben. Erziehungstechnisch betrachtet gibt es hierfür zwei Möglichkeiten:

Die erste besteht darin, das Kind möglichst intensiv zu hegen und zu pflegen, es ordentlich zu verhätscheln, ihm alle Stolpersteine des Lebens konsequent aus dem Weg zu räumen und es ständig von vorne bis hinten zu bedienen. Es liegt auf der Hand, dass ein junger Mensch so kaum lernen kann, die Herausforderungen des Lebens anzunehmen und Schwierigkeiten eigenständig zu meistern. Die Folge ist ein schlechtes Selbstwertgefühl und der Mangel an Mut, sich in unbekannte Lebenssituationen zu begeben. Chronische mütterliche Überfürsorglichkeit hält Kinder unselbstständig und abhängig. Kinder, die so erzogen werden, brauchen verständlicherweise wesentlich länger, um aus ihrer Kinderrolle herauszuwachsen.

Die zweite Möglichkeit, sich (unfreiwillig) einen Nesthocker heranzuzüchten, besteht darin, das Kind – bewusst oder unbewusst – sehr früh in Richtung Verselbstständigung zu drängen. Kinder, die das Gefühl haben, zu früh zu viel Verantwortung übernommen zu haben, die sich oft alleine oder überfordert gefühlt haben oder in gewisse Weise nie »richtig Kind« sein durften, reagieren darauf unbewusst mit Trotz. Sie verharren deshalb in der Rolle des Kindes, obwohl sie schon längst keines mehr sind. Auf diese Weise versuchen sie etwas zu bekommen, was ihnen irgendwie vorenthalten wurde: Fürsorge, Geborgenheit oder einfach das Gefühl, versorgt zu werden. Dass diese Haltung allerdings zu einem nachhaltigen befriedigenden Ergebnis führen wird, ist zu bezweifeln, denn Eltern, die aus irgendeinem Grunde schon einem kleinen Kind die nötige Aufmerksamkeit und Zuwendung nicht geben konnten, können das vermutlich erst recht nicht, wenn das Kind schon groß ist.

Vielleicht haben Sie sich schon ein bisschen wiedererkannt und nun das unangenehme Gefühl, vielleicht doch nicht ganz unbeteiligt an dem Nesthockertum Ihres Kindes zu sein? Vielleicht sind Sie eine überängstliche Mutter und haben Ihr Kind aus lauter Sorge ein wenig zu sehr in Watte gepackt? Oder Sie mussten Ihr Kind allein erziehen, immer viel arbeiten und konnten nicht immer für Ihr Kind da sein, wie es das vielleicht gebraucht hätte? Selbst wenn das stimmen würde, wäre das keineswegs schändlich oder schlimm. Wir alle haben ja unsere eigene Geschichte, die uns ängstlich werden lässt oder uns unfreiwillig in Situation katapultiert, in denen wir mit Kind, Haushalt und Beruf schlichtweg überfordert sind.

Auch wenn wir merken, dass wir mit der verzögerten Entwicklung des Kindes vielleicht etwas zu tun haben könnten, lohnen sich Gewissensbisse nicht. Sie sind in aller Regel überflüssig oder sogar kontraproduktiv. Denn wir kommen nicht weiter, wenn wir uns in Selbstvorwürfen verheddern. Sie führen auch meistens zu keiner tieferen Erkenntnis, sondern lenken sogar eher davon ab, verstehen zu können, was wirklich los ist.

Wer Angst vor Schuldgefühlen hat, lenkt den Blick nämlich lieber von sich weg und schaut nicht mehr wirklich hin. Auch das ist verständlich, denn Schuldgefühle sind furchtbar unangenehm. Insofern möchte ich Sie ermutigen, möglichst ehrlich mit sich selbst zu sein und sich immer mal wieder zu fragen, was alles gut gelaufen und was möglicherweise nicht ganz so gut gelaufen ist. Werfen Sie einen möglichst differenzierten Blick auf Ihre Erziehungsleistung. Es gibt niemanden, der alles »richtig« gemacht hat und niemanden, der alles »falsch« gemacht hat. Vielmehr haben wir alle unsere Schwachpunkte und Stärken, die auch in dem Zusammenleben mit unseren Kindern zum Tragen kommen. Das ist nichts, was man sich vorwerfen sollte. Sondern etwas, das man sich ansehen und verstehen lernen kann.

Sorgen als Ausdruck von Liebe – und als emotionales Bindemittel

Wenn Sie also herausbekommen möchten, ob Sie möglicherweise einen Anteil daran haben, dass Ihr Kind sich nicht richtig abnabeln kann, dann gehen Sie in sich – und dort auf Spurensuche.

Zunächst könnten Sie testen, ob Sie eine Mutter sind, die Ihre Kinder durch Sorgen an sich bindet. Dass Mütter für Ihre Kinder sorgen und sich auch um sie sorgen, ist ganz natürlich und auch sehr wünschenswert. Ohne mütterliche (oder väterliche) Sorge wäre unsere Spezies längst ausgestorben. Schwierig wird es für Kinder erst, wenn sie sich von der Sorge der Mutter eingeengt fühlen. Kinder spüren diese Sorgen übrigens auch dann sehr genau, wenn sie gar nicht ausgesprochen werden. Sie reagieren darauf manchmal mit heftigem Trotz und machen alles Mögliche, um zu beweisen, dass diese Sorge unnötig ist, oder um sich dieser Überfürsorglichkeit zu entziehen.

Andere Kinder wiederum regieren mit Rücksichtnahme – sie schonen uns, weil sie uns lieben und uns keinen Kummer zufügen wollen. Das kann auch dann so sein, wenn sie es selbst gar nicht so wahrnehmen. So lieb das klingt – sie bringen sich dabei um oft bestimmte altersangemessene Erfahrungen und verpassen wichtige Entwicklungsschritte. Genau deshalb kommt eine solche »Rücksichtnahme aus Liebe« oft später als Bumerang in Form von Vorwürfen zurück: »Du wolltest doch nicht, dass ich weggehe, sonst wärest du doch zusammengebrochen!« Oft sind Eltern dann sehr empört und weisen diese Vorwürfe weit von sich. Wenn Sie dem allerdings ehrlich und selbstkritisch nachspüren würden, müssten sie wahrscheinlich zähneknirschend zugeben, dass darin vielleicht doch zumindest ein Körnchen Wahrheit liegt.

Wenn Sie das Gefühl haben, dass eine solche Verstrickung zwischen Ihnen und Ihrem Kind eventuell vorhanden sein könnte, wäre es ein wichtiger Schritt, sich mit Ihren Sorgen zu beschäftigen. Was für Sorgen machen Sie sich genau?

Tipp: Legen Sie einen Sorgenkatalog an

- Wie soll mein Sohn/meine Tochter das Leben da draußen alleine bloß meistern?
- Er/sie hat ja immer noch keine feste Partnerschaft und findet sicher auch so schnell niemanden.
- Er/sie hat immer mal wieder Schwierigkeiten im Studium oder in der Ausbildung.

- Er/sie hat viel zu wenig Ehrgeiz, um mal etwas zu erreichen.
- Er/sie hat die falschen Freunde/zu wenig Freunde.
- Er/sie trinkt gerne mal einen über den Durst, wo soll das noch hinführen?
- Er/sie trifft immer wieder auf die falschen Frauen/Männer und ist dann unglücklich.
- Er/sie hat eine zu geringe Frustrationstoleranz und gibt bei Problemen zu schnell auf.
- Er/sie kann noch keinen Haushalt führen und vergisst sicher immer, den Herd auszustellen.
- Er/sie hat keinen Plan, keine Ziele, keine Ideale.
- Er/sie ist mit Behördengängen völlig überfordert.
- Er/sie ist doch so einsam.
- ...

Listen Sie wirklich alles auf, was Ihnen im Kopf herumspukt, auch wenn es Ihnen noch so merkwürdig oder gar albern vorkommt. Lassen Sie die Liste ein paar Tage irgendwo gut verschlossen ruhen.

Nehmen Sie diese Liste bei Gelegenheit wieder zur Hand, um mit einem kritischen Blick zu prüfen, ob und welche Sorgen denn nun berechtigt sind. Vielleicht stellen Sie fest, dass es gar nicht so viele Sorgen sind, die übrig bleiben.

Wichtig: Überlegen Sie bei jeder Sorge, ob diese möglicherweise mehr mit Ihnen selbst als mit Ihrem Kind zu tun hat:

- Vielleicht haben Sie sich früher einsam gefühlt, als Sie in dem Alter waren, in dem Ihre Tochter/Ihr Sohn jetzt ist?
- Vielleicht hatten Sie manchmal das Gefühl von Überforderung, als Sie erstmals einen eigenen Haushalt zu versorgen hatten?
- Vielleicht hatten Sie Angst, keinen festen Partner zu finden?
- ...

Mütter (und Väter) neigen sehr häufig dazu, eigene unverarbeitete schmerzliche Erfahrungen auf die Kinder zu projizieren und dort Probleme zu befürchten, wo gar keine sind. Es fällt uns dann schwer, das nötige Vertrauen zu entwickeln, dass es unserem Kind vielleicht besser geht als uns in diesem Alter. Allerdings ist es auch möglich, dass man deshalb andere Probleme übersieht, die das Kind tatsächlich hat. Deshalb ist es immer wichtig, die eigene Lebensgeschichte möglichst genau von der Geschichte des Kindes abzukoppeln und sich die Unterschiede zwischen beiden Biografien immer wieder klar zu machen.

Wenn Sie den Sorgenkatalog nun abgearbeitet haben und einigermaßen wissen, welche Sorgen berechtigt und welche eher zu Ihren eigenen Themen der Vergangenheit gehören, sind Sie schon einen großen Schritt gegangen. Aber forschen Sie ruhig noch ein bisschen weiter:

Ist da noch etwas, was mich daran hindert, mein Kind gehen zu lassen?

Habe ich Ängste, denen ich mich bisher nicht zu stellen wagte, weil sie mich sonst zu überwältigen drohen?

Wenn Sie das Gefühl haben, dass da tief in Ihrem Inneren etwas schwelt, was Sie aber gar nicht benennen können, kann manchmal eine Beratung helfen. Es ist viel leichter, mithilfe einer neutralen, wohlwollenden Person den eigenen blinden Flecken auf die Spur zu kommen, als dies alleine zu versuchen.

Neue Regeln im Hotel Mama. Wie man sich emanzipieren kann, obwohl man unter einem Dach wohnt

Finanzielle Notwendigkeit in allen Ehren – beim Nesthockerphänomen scheint es sich auch um eine Art Nachzügler-Problematik zu handeln. Zu diesem Schluss kommt zumindest die Entwicklungspsychologin Christiane Papastefanou: »Spätausziehende fallen dadurch auf, dass sie bestimmte jugendspezifische Ablösungsaktivitäten (z. B. in einer Jugendgruppe verreisen) zu einem späteren Zeitpunkt realisiert haben und länger mit ihren Eltern in Urlaub gefahren sind als diejenigen, die rechtzeitig den Absprung geschafft haben. [...] Sie werden später selbstständig und die Ablösung von den Eltern ist ihnen weniger wichtig. In der Folge trauen sie sich das Alleinleben weniger zu und fürchten sich mehr vor der Einsamkeit. Der Auszug ist für sie ein ‚Sprung ins kalte Wasser' und weniger ein Anlass zur Freude.« Das Resumee der Wissenschaftlerin: »Der Spätauszug kann somit als Bestandteil eines allgemein verzögerten Entwicklungsprozesses verstanden werden.«[11]

Ziehen wir da eine ganze Generation von Spätentwicklern heran? Und wenn schon: Nachreifen geht immer. Schließlich ist das ganze Leben ein einziger Lern- und Reifungsprozess. Und dazu können wir

Eltern immer noch eine Menge beitragen. Zum Beispiel, indem wir altersangemessene Forderungen an unseren jungen Mitbewohner stellen und ihm nicht mehr ständig aus lauter falschem Mitgefühl bei jedem Mini-Anlass sofort zur Hilfe eilen, etwa wenn die Suppe überkocht oder Filius mit der Bedienung der Waschmaschine Probleme hat. Wir könnten nämlich einfach die Rahmenbedingungen im Hotel Mama ändern.

Kleine Nesthocker-Typologie: Welche Spezies haben Sie zu Hause?

Bevor man weiß, was geändert werden muss, sollte man zunächst den Ist-Zustand analysieren. Wen also beherbergen Sie eigentlich bei sich zu Hause? Denn Nesthocker ist natürlich nicht gleich Nesthocker. Während der eine sich munter bedienen lässt und gar nicht daran denkt, dass Erwachsensein auch damit zu tun hat, mitunter lästige Dinge erledigen zu müssen, ist der andere kooperativ und packt zu Hause ordentlich mit an. So unterscheiden Wissenschaftler drei Nesthocker-Kategorien:

1. den unabhängigen versorgten Nesthocker,
2. den rundumversorgten Nesthocker und
3. den Wohnraumnutzer.

Ich erdreiste mich an dieser Stelle, diese Liste ohne vorangegangene langwierige empirische Untersuchungen um einen weiteren Typus zu ergänzen, der mir durchaus nicht selten zu sein scheint, nämlich:

4. den aktiven Mitbewohner.

1. Der *unabhängige versorgte Nesthocker* ist finanziell selbstständig, d. h. er hat einen Job und verdient sein eigenes Geld, wohnt aber dennoch kostenfrei bei seinen Eltern. Er hat nichts dagegen, sich mal von seinen Eltern einen Urlaub finanzieren oder sich von ihnen einen PC spendieren zu lassen. Auch lässt er sich gerne bei Dienstleistungen unterstützen, gibt etwa Behördengänge an die Mutter ab und lässt Vati lästige Telefonate erledigen. Im Haushalt arbeitet er selten mit. Diesen Nesthocker-Typ gibt es (glücklicherweise?) nur ziemlich selten.
2. Der *rundumversorgte Nesthocker* ist in seinem tiefsten Inneren noch ganz Kind. Er ist sowohl finanziell abhängig als auch schwer geneigt, sich bekochen und sich die Wäsche waschen zu lassen. Er braucht noch viel elterliche Anleitung und ist insgesamt noch recht unselbstständig. Diesen Nesthocker findet man eher bei Vollfamilien und bei

sehr fürsorglichen Müttern, die dazu neigen, ihren Kindern stets zu viel Arbeit abzunehmen.

3. Der *Wohnraumnutzer* ist insgesamt unabhängig, regelt die Angelegenheiten seines Lebens selbstständig und sieht sich komplett in der Eigenverantwortung. Nur lebt er eben unter dem elterlichen Dach, was ihm finanzielle Vorteile bringt. Diesen Nesthockertyp findet man häufig in gebildeten bzw. gut situierten Familien, die ihrem Nachwuchs das komplette ausgebaute Dachgeschoss samt separatem Badezimmer oder eine schicke Einliegerwohnung zur Verfügung stellen können.
4. Der von mir hinzugefügte *aktive Mitbewohner* ist finanziell zwar nicht ganz unabhängig, dafür aber bereit, tatkräftig im Haushalt mitzuhelfen und andere anfallende Arbeiten zu übernehmen. Er betrachtet das Zusammenleben mit den Eltern als eine Art Wohn- oder Zweckgemeinschaft und steuert ggf. sogar Geld für das Zusammenwohnen bei. Diesen Nesthocker-Typen findet man häufig bei allein erziehenden Elternteilen, mitunter aber auch bei Zwei-Eltern-Familien, wenn beide Elternteile voll berufstätig sind.

Wenn Sie mögen, können Sie jetzt einmal testen, wie aktiv sich Ihr Nesthocker zu Hause beteiligt:

Fragebogen: Wie aktiv bringt sich Ihr Nesthocker ein?

Mein Nesthocker …	*ja*	*manchmal*	*nein*
hilft regelmäßig im Haushalt mit	☐	☐	☐
beseitigt seine (Dreck)Spuren	☐	☐	☐
übernimmt regelmäßig Aufgaben	☐	☐	☐
übernimmt freiwillig zusätzliche Aufgaben	☐	☐	☐
fragt öfter nach, ob er behilflich sein kann	☐	☐	☐
finanziert sich (so gut es geht) selbst	☐	☐	☐
wäscht seine Wäsche selbst	☐	☐	☐
kocht gelegentlich für uns alle	☐	☐	☐
erledigt Einkäufe für die Gemeinschaft	☐	☐	☐
respektiert meine Grenzen	☐	☐	☐

Mein Nesthocker …	*ja*	*manchmal*	*nein*
betreut jüngere Geschwister	☐	☐	☐
kümmert sich um das Haustier	☐	☐	☐
…	☐	☐	☐

Ergänzen Sie diese Liste um alles, was Ihnen wichtig ist.

Und? Wie fällt Ihre Bilanz aus? Sind Sie zufrieden mit der Mitarbeit Ihres jungen Mitbewohners?

Wenn ja: Herzlichen Glückwunsch, Sie sind ein Glückspilz!

Doch halt: Sind Sie auch wirklich sicher, dass Ihre Erwartungen angemessen sind? Oder neigen Sie – wie viele Mütter – dazu, selbst zu viel zu schuften und zu wenig Hilfe einzufordern?

Seien Sie hier nicht zu nachsichtig mit Ihrer lieben Brut, sondern fordern Sie Ihre Rechte auf Unterstützung und Entlastung ein! Nur weil wir unsere Kinder noch vor ein paar Jahren rundum versorgt haben, was ja altersangemessen und daher völlig richtig war, sind wir ihnen gegenüber nicht ein Leben lang 24 Stunden am Tag auf höchstem Niveau dienstverpflichtet – weder in alltagspraktischen Dingen noch auf der mentalen Ebene. Sich diese mütterlichen Dauer-Service-Leistungen sukzessive abzugewöhnen, ist die Entwicklungsaufgabe der Mütter von erwachsen werdenden Kindern.

Tipp: Radikale Vertragsänderung. Oder: Wie geht nochmal autoritär?

Wenn Sie aufgrund der soeben gezogenen Mithilfe-Bilanz akuten Veränderungsbedarf sehen und zu dem Schluss kommen, dass Ihr Kind im Haushalt mehr mitmachen muss und sich gefälligst vom Rundumversorgten zum aktiven Mitwohner mausern soll, dann hoffen Sie bitte nicht auf die Initiative des Kindes. Warten Sie nicht, bis Filius von allein fragt: »Was darf ich bitte heute putzen?« oder Ihre Tochter Ihnen am Frühstückstisch freudestrahlend mitteilt: »So, nun bin ich erwachsen. Was könnte ich dir denn dauerhaft für Arbeiten abnehmen?« Das könnte unter Umständen hundert Jahre dauern. Oder möglicherweise gar nicht passieren.

Hier hilft nur eine klare innere Haltung und jede Menge Durchsetzungsvermögen. Fordern Sie deutlich ein, was Sie für angemessen und richtig halten. Nehmen Sie nicht stillschweigend in Kauf, dass Sie in Haushalt und Garten immer noch mehr zu tun haben als

Ihre jungen Mitbewohner. Bürden Sie Ihren Großen Arbeiten auf, die sie vorher noch nie erledigt haben. Muten Sie Ihnen die lästigen Alltagsarbeiten des Erwachsenenlebens zu: vom Behördengang über das regelmäßige Entsorgen der leeren Rotweinflaschen im Glascontainer bis zum Kloputzen sollte es keine Tabus geben. In einer Wohngemeinschaft würde das schließlich auch eingefordert werden.

So, und nun gilt es, die Ärmel hochzukrempeln und sich durchzusetzen:

Schritt eins:

- Nehmen Sie eine klare innere Haltung ein: »Ich möchte, dass mein Sohn/meine Tochter mehr hilft.« Sagen Sie diesen Satz ruhig zwei oder dreimal laut vor sich hin. Fühlt es sich richtig für Sie an?
- Nein? Dann vergessen Sie diese Übung – Sie werden Ihren Nachwuchs ohne innere Überzeugung nicht dazu bringen können, mehr zu tun.
- Wenn sich der Satz für Sie aber stimmig und gut anfühlt, dann machen Sie sich klar:
  - Was genau soll Ihr Kind künftig mehr tun? Wofür soll es mehr Verantwortung übernehmen?
  - Was entlastet Sie wirklich?
  - Welche Arbeiten wollten Sie schon immer mal loswerden?

Schritt zwei:

- Schreiben Sie eine To-do-Liste für Ihren Sprössling.
- Schreiben Sie Punkt für Punkt genau auf, was er zu erledigen hat.
- Bestimmen Sie den Zeitrahmen (»einmal in der Woche«, »täglich«, »bei Bedarf«...).
- Den Zeitpunkt kann der junge Erwachsene weitgehend selbst bestimmen, wenn die Arbeit das zulässt.

Schritt drei:

- Überreichen Sie Ihrem Sohn bzw. Ihrer Tochter diese To-do-Liste feierlich und erläutern Sie sie gegebenenfalls kurz.
- Diskutieren Sie nicht.
- Ignorieren Sie Widerstand und Vorwürfe hartnäckig.

- Bleiben Sie dabei: »Ich möchte, dass du künftig diese Aufgaben regelmäßig erledigst. Sonst ziehst du in einem Monat aus.«
- Mit einem kleinen inneren »Basta« könnten Sie den Dialog beenden.

Das mag radikal klingen und ist auch freilich etwas übertrieben. Natürlich kann man diese Pflichten auch demokratisch verteilen und miteinander in Ruhe besprechen. Manchmal neigen Eltern aber dazu, sich in unnötige Diskussionen verwickeln zu lassen, nur um dann nach endlosem Gerede entnervt und erschöpft klein beizugeben und das Bad dann doch wieder alleine zu schrubben oder selbst den Rasen zu mähen.

Deshalb möchte ich Sie ermutigen, Ihre Interessen klar zu formulieren und sich durchzusetzen. Von alleine werden unsere lieben Großen Ihnen die Arbeit sicher nicht aus der Hand reißen, denn die alten Verhaltensmuster sind stark eingeschliffen und nur mühselig zu verändern. Und Mütter neigen erfahrungsgemäß ohnehin sehr stark dazu, sich in die Rolle der Gebenden, Helfenden und Rücksichtsvollen zu begeben. Das hat mit dem gängigen Mutterbild zu tun, das permanente Fürsorglichkeit, Selbstlosigkeit und Güte einfordert. Um diese hohen Erwartungen zu erfüllen, gehen Mütter oft über die Grenzen ihrer Belastbarkeit hinweg und finden sich dann verständlicherweise häufig in Erschöpfungs- oder Frustzuständen wieder. Das muss nicht sein! Sorgen Sie dafür, dass es Ihnen im Hotel Mama selbst gut geht. Wer sollte das sonst tun?

Oder besser noch: Sorgen Sie dafür, dass keinerlei Hotel-ähnlichen Zustände mehr herrschen. Dann haben Sie schon viel, sehr viel erreicht.

Hilfe, wie werde ich bloß mein Kind los? Der liebevolle Rausschmiss als letzte pädagogische Intervention

Es gibt Eltern, die es völlig in Ordnung finden, dass ihr 25-Jähriger noch allabendlich auf der elterlichen Wohnzimmercouch herumlümmelt, wenn er wenigstens nur ab und zu auch mal einen Handschlag tut. Viele Mütter zeigen sich verständnisvoll, wenn die Tochter einfach keine Lust hat, mit »fremden Mädels« in eine WG zu ziehen. Und in manchen Fällen klappt das Modell »gleichberechtigtes miteinander Wohnen« sogar ziemlich gut, wie zum Beispiel bei Sarah:

»Ich finde es gut, dass mein 23-jähriger Sohn noch zu Hause wohnt und sich scheinbar auch wohl fühlt. Ich bin aber auch kein Hotel Mama, wir leben eher WG-ähnlich. Wir leben mit meinen Geschwistern schon immer in einem Mehrgenerationen-Familiensystem, in dem jeder ganz selbstverständlich bestimmte Aufgaben zu erledigen hat. Mein Sohn bügelt regelmäßig die Hemden und Blusen der Familie und trägt die schweren Einkäufe nach oben. Meine 20-jährige Tochter kocht regelmäßig für alle, wenn ich nicht da bin, und das ist schon recht häufig, weil ich ja auch viel arbeiten muss.«

Es ist sehr schön, wenn Mütter so zufrieden sind. Doch es gibt auch Eltern, die sich ihr Leben nach Erledigung der anstrengenden Erziehungsarbeit eigentlich anders vorgestellt haben. Und die sich gelegentlich insgeheim nichts sehnlicher wünschen, als sich endlich mal wieder allein (oder mit Partner) im eigenen Nest breit machen zu können. Vielleicht trösten Sie sich auch manchmal mit Worten wie: »Naja, das Kind braucht eben noch ein bisschen Nestwärme. Es ist vielleicht doch noch nicht so ganz flügge. Und will noch ein bisschen umsorgt werden. Das ist eigentlich ja auch gar nicht so schlimm. Damit müssen wir uns wohl abfinden.« Und seufzen dann ein wenig vor sich hin und träumen wieder davon, wie es wohl wäre, sich in den eigenen vier Wänden mal wieder so richtig ausbreiten zu könnten. Schließlich bedeutet Kinder zu erziehen auch, sich zumindest phasenweise sehr zurücknehmen zu müssen.

Doch müssen wir es schweigend ertragen, wenn das volljährige Kind keinerlei Anstalten macht, das gemütliche Nest verlassen zu wollen? Wir verstehen es ja, dass die große weite Welt noch ein bisschen Angst macht. Zweifel und Unsicherheiten bei jungen Erwachsenen sollten wir natürlich ernst nehmen. Dennoch sind sie kein Grund, die lieben Großen ständig weiter hingabevoll zu bemuttern. In der Regel sind ältere Kinder sehr konventionell, sie lieben die Versorgungs-Routine durch Mami und Papi und nehmen so manche Annehmlichkeit allzu selbstverständlich an. Wenn Mama immer noch brav die Wäsche erledigt, täglich ihre Kochkünste in den Dienst der jungen Erwachsenen stellt und auch nebenbei noch den Dreck im Bad entfernt, dann ist es kein Wunder, wenn es eher lästig erscheint, eine eigene Wohnung in Schuss halten oder mit WG-Kolleginnen herumstreiten zu müssen, wer jetzt den Abwasch zu erledigen habe. Wozu auch? Das Hotel Mama kann eben verdammt schön sein.

Besonders belastend ist die Situation für Eltern dann, wenn das volljährige Kind beruflich nicht »in die Gänge« kommt, sämtliche Fristen verstreichen lässt, sich nicht aktiv um einen Ausbildungsplatz bemüht und auch ansonsten eher »rumzuhängen« scheint, als sein Leben in die Hand zu nehmen und die Zukunft zu planen. Während die Mütter täglich arbeiten gehen, den Haushalt erledigen und auch sonst genug um die Ohren haben, liegen die desorientierten und überforderten jungen Leute morgens ewig in ihrem Bett, hängen stundenlang am PC oder vor der Glotze herum und tun auch sonst keinen überflüssigen Handschlag. Auf ihre ausufernde Hängepartie angesprochen reagieren sie oft genervt und abwiegelnd: »Ich hab das schon im Griff, nu' nerv mal hier nicht rum.« In solchen hartnäckigen Fällen liegen die elterlichen Nerven schon mal ordentlich blank. Da gilt es manchmal, ebenfalls hartnäckig zu werden, klare Ansagen zu machen und ein Ultimatum zu stellen. Manchmal müssen Eltern eben nachhelfen.

Manchen Müttern geht diese Luschigkeit in Kombination mit der Anspruchshaltung, selbstverständlich rundum versorgt zu werden, dann irgendwann so auf die Nerven, dass sie ihr Kind am liebsten vor die Tür setzen würden – nicht, weil sie ihre großen Kinder nicht mehr aufrichtig lieben würden, sondern weil sie ihr mütterliches Soll ja eigentlich längst erfüllt haben und sehen, dass das Kind im Grunde genommen reif sein müsste, sich selbst in der Welt zu behaupten, vor allem, wenn sie ein verstärktes Interesse daran haben, im Haushalt endlich entlastet zu werden, etwa weil sie sich beruflich weiterentwickeln wollen oder einfach wieder mehr Freiraum für sich selbst brauchen.

Es ist gut, dann zum Ausdruck zu bringen, was Sie erwarten und wie Sie sich die Veränderung vorstellen: »Ich möchte, dass du innerhalb der nächsten vier Monate ausziehst«, ist schließlich kein böser oder unerhörter Satz. Doch es ist ein Satz, den sich viele vielleicht nicht zu sagen trauen. Doch warum eigentlich nicht? Warum sollten Eltern nicht mit entscheiden, wann ihr Kind auszieht? Warum sollen Mütter keine Pläne für ihr eigenes Leben schmieden und ihre Erwartungen äußern? Es ist etwas anderes, ob ich einen Jugendlichen aus Wut über sein provokatives Verhalten am liebsten vor die Tür setzen möchte oder ob ich einen volljährigen Menschen auf seinen – aus entwicklungspsychologischer Sicht völlig angemessenen – anstehenden Auszug anspreche. Es ist ohnehin interessant, dass heutige Eltern in der Regel recht passiv darauf warten, dass das Kind endgültig die Kisten packt. Ganz so, als hätten sie hier gar kein Mitspracherecht und auch keine Wünsche zu äußern. Sie machen es den Kindern damit oft aber gar nicht leichter, sondern eher schwerer, den echten Sprung ins eigene Leben zu wagen.

Natürlich gilt es, die Meinung des Kindes einzuholen und eventuell über seine Ängste und Sorgen zu sprechen. Und sicher könnten wir auch noch über den Auszug hinaus für unsere Kinder sozusagen im Stand-by-Modus zur Verfügung stehen, so wie wir das in den letzten Jahren ja auch gemacht haben. Dennoch sollten sich Mütter klar machen, dass sie das Recht darauf haben, zu sagen: »Nun ist der Zeitpunkt gekommen. Ich möchte, dass du deinen eigenen Weg gehst.« Ich bin sogar sicher, dass sich manche jungen Erwachsenen diese Worte insgeheim wünschen, weil sie dadurch auf eine gewisse Weise freigegeben werden. Sie heißen: »Du darfst erwachsen werden. Du darfst dein Leben leben und gestalten – auch ohne mich. Ich liebe dich, und ich lasse dich frei.« Etwas Schöneres kann man einem großen Kind eigentlich nicht schenken: die Legitimation, freigegeben zu werden, in der Gewissheit, geliebt zu sein.

Tipp: Bleiben Sie authentisch. Auch im Zweifeln und Hadern

Es reicht aber nicht, diese Worte auszusprechen, sie müssen natürlich auch stimmig sein. Unsere Kinder spüren es sofort, wenn wir etwas Tolles sagen, es aber eigentlich nicht so meinen. Doppelbotschaften à la »Du kannst gerne ausziehen, kein Problem – aber eigentlich weiß ich nicht, wie ich das ertragen soll« katapultieren unsere Kinder in eine fatale Zwickmühle.

Prüfen Sie also sehr genau Ihre innere Haltung: Sind Sie wirklich bereit, Ihr Kind gehen zu lassen oder erwarten Sie von sich diese lockere, souveräne Haltung, sind aber in Wirklichkeit noch gar nicht so weit?

Dann sagen Sie Ihrem Kind das ruhig. Es ist keine Schande, mit seinem Abschiedsschmerz zu hadern. Es kann Ihrem Sohn oder Ihrer Tochter hingegen sehr gut tun, genau das ausgesprochen zu hören, was er/sie ja ohnehin spürt. »Ich weiß, dass ich dich eigentlich in die Welt schicken sollte, aber es fällt mir so unendlich schwer, dich gehen zu lassen.« Dieser Satz wäre aufrichtig. Und auch er gibt Ihr Kind in gewisser Weise frei, weil Sie deutlich zeigen, dass Sie für Ihre Gefühle selbst zuständig sind. Sie übernehmen die Verantwortung für Ihre Empfindungen – und das ist das Beste, was Sie in einer solchen Situation für sich und Ihr »Kind« tun können.

Und wenn das Kind noch nicht fit ist?

Doch darf ich mein Kind auch dann aus dem Nest schubsen, wenn es noch nicht so reif ist, wie ich es mir wünschen würde? Über diese Frage zerbrechen sich viele Mütter den Kopf. Verständlicherweise haben sie Skrupel, ein Kind vor die Tür zu setzen, dass vielleicht noch nicht richtig in der Lage ist, sich in der Welt zurechtzufinden. Folglich neigen sie dazu, ein noch nicht ganz »fertiges« Kind weiterhin unter ihre Fittiche zu nehmen, auch wenn ihnen das manchmal ordentlich gegen den Strich geht. Aber es ist fraglich, ob dadurch ein angemessenes Nachreifen nicht vielleicht noch schwerer wird. Denn im gewohnten Nest läuft in der Regel alles wie immer, man fühlt sich geborgen und versorgt, die Notwendigkeit, sich zu verändern, ist nahezu minimal. So kann es durchaus richtig und angemessen sein, das große Kind, das noch nicht ganz fit für das Leben »da draußen« zu sein scheint, liebevoll und vorsichtig aus dem Nest zu schubsen. So wie Vera es mit ihrem geliebten Sorgenkind Florian machte:

»Ich habe den Auszug meines Sohnes selbst forciert, weil ich wollte, dass er endlich die Verantwortung für sich und sein Leben übernimmt. Ich hatte das Gefühl, dass es nicht mehr stimmig war, dass er noch bei mir wohnte. Ich hatte ehrlich gesagt auch keine Lust mehr darauf, irgendwie noch pädagogisch intervenieren zu müssen. Ich hätte ihn gerne ‚fertiger' entlassen, nicht so unsicher, ohne Ausbildung, ohne Job. Aber aus der Entfernung ist mein Blick auf ihn etwas genauer geworden, ich schätze ihn und seine Möglichkeiten nun realistischer ein. Das tut ihm gut und wir können nun auch wieder entspannter miteinander umgehen.«

Und auch Birgit hat einst den Auszug ihres Adoptivkindes forciert. Und es später nie bereut. Sie erzählt:

»Philipp haben wir mehr oder weniger mit 21 Jahren ‚rausgeworfen', weil unser Zusammenleben nicht mehr tragbar war. Er war sehr schwierig, hat sich an keine Regeln gehalten, uns ständig beklaut und war durch nichts zu beeinflussen. Unser Verhältnis hat sich durch den Auszug sehr verbessert. Es war sehr entlastend. Seitdem besucht er uns regelmäßig, beklaut uns nicht mehr und arbeitet viel im Garten, was ihm viel Spaß macht und für uns eine echte Hilfe ist.«

Auch für die Beziehung zwischen Kindern und Eltern kann es durch den mehr oder weniger erzwungenen Auszug zu positiven Veränderungen kommen. Manche Entwicklungsschritte und Reifeprozesse können schlicht erst dann einsetzen, wenn ein bestimmtes Signal gesetzt wurde. Veras Signal lautete: »Ich vertraue dir und glaube an dich. Du wirst es schaffen, auch wenn du es in Moment noch etwas schwer hast. Ich freue mich darauf, zu sehen, wie du dich entwickeln wirst.« Birgits Botschaft hieß: »So wie du uns jetzt behandelst, können wir nicht mehr unter einem Dach wohnen. Ich möchte, dass du uns respektierst und dein Leben selbst in die Hand nimmst.«

Welches Signal wollen Sie Ihrem Kind mit auf den Weg geben? Welcher Satz würde das am besten ausdrücken? Schreiben Sie ihn auf. Bei passender Gelegenheit könnten Sie ihn vielleicht gebrauchen.

Rette sich, wer kann: Mobben Sie Ihr Kind raus! (Nicht ganz ernst gemeinte) Tipps, um den Plagegeist endlich loszuwerden

Wenn der Nesthocker sich trotz aller gut gemeinten Gespräche immer noch hartnäckig sträubt, das zu eng gewordene Nest endlich zu räumen, dann haben Sie immer noch diverse Möglichkeiten:

- Machen Sie es Ihrem Nesthocker so ungemütlich wie möglich: Drehen Sie die Heizung herunter, entfernen Sie Gardinen und Rollos oder sorgen Sie für einen muffigen Geruch in seinem Zimmer.
- Verstecken Sie die Fernbedienung des Fernsehers und kappen Sie die Verbindung zum Internet.
- Kaufen Sie keine Lebensmittel mehr ein, die er/sie besonders gerne isst.
- Kochen Sie auf keinen Fall sein/ihr Lieblingsessen.
- Verwaschen Sie »aus Versehen« seine Lieblingsjeans oder ihren teuren Angora-Pulli.
- Lassen Sie das Türschloss auswechseln. Kaufen Sie vorher unbedingt Ohrenstöpsel, damit sie das wilde Gehämmere an der Haustür nicht aus dem Schlaf reißt, und legen Sie sich eine geheime Telefonnummer zu.

Wer noch mehr Tipps braucht, um sich seines Nachwuchses zu entledigen, sollte sich einen gemütlichen DVD-Abend machen. In der französischen Komödie *Tanguy – der Nesthocker* aus dem Jahr 2002 kämpfen genervte Eltern mit allen Mitteln darum, endlich ihren Sohn loszuwerden. Tanguy ist 28 Jahre alt und Doktorand, höflich, fleißig, geduldig, freundlich und etwas altklug. Er führt ein reges und lautstarkes Sexualleben mit wechselnden Partnerinnen, was die ennervierten Eltern mitunter nachts aus dem Schlaf reißt. Er lässt mit Vorliebe Sachen im Weg stehen und dreckige Klamotten herumliegen. »Ich hab dich liehieb« trällern sich Eltern und »Kind« regelmäßig gegenseitig ins Ohr, beim Therapeuten auf der Couch beschreibt die Mutter aber hemmungslos ihre immer stärker werdenden Aggressionen. In ihren Fantasien schleudert sie Tanguy an den Füßen aus dem Fenster – groteskerweise kommt er als Bumerang aber immer wieder zurück. Gleichzeitig plagt sie natürlich das schlechte Gewissen, dass sie so eine schlechte Mutter ist und so schlimme Sachen denkt.

Als der Nesthocker ihnen dann aber mitteilt, die Abgabe seiner Doktorarbeit um eineinhalb Jahre verschieben zu müssen und so lange noch zu Hause wohnen will, ist es mit der Geduld der Eltern endgültig vorbei. So schmieden sie den perfiden Plan, ihn aus der Wohnung herauszuekeln. Und hinfort wird es für Tanguy extrem ungemütlich ... Eine vergnügliche Parodie auf die Ambivalenzen im Umgang mit unseren geliebten großen Kindern, die wir einerseits nicht loslassen können und andererseits aber auch nicht mehr dauernd um uns haben wollen.

Last exit »Downsizing«

Wenn das alles nichts nutzt, gibt es immer noch einen Notausgang: Machen Sie es wie viele verzweifelte US-Amerikaner, die ihren anhänglichen Nachwuchs einfach nicht loswerden: Verkaufen Sie Ihr Haus und ziehen Sie in eine kleinere Wohnung, in der beim besten Willen kein Platz mehr für den lästigen Plagegeist mehr ist. »Downsizing« nennt man das in der Fachsprache – kein Witz! Und dann machen Sie es sich endlich richtig gemütlich in Ihrem »leeren Nest«.

3. Auf Augenhöhe: Die Eltern-»Kind«-Beziehung neu gestalten

Die Kisten sind gepackt und abtransportiert, das Kinderzimmer ist leer geräumt. Und nun?

Nun sitzen wir – vielleicht mit Mann und alt gewordenem Hund – plötzlich allein in der Wohnung und wundern uns über die Ruhe und die merkwürdige Leere. Keine Turnschuhe, die im Weg rumliegen, keine dritte Zahnbürste mehr im Bad und plötzlich so wenig Dreckwäsche in Wäschekorb! Das alles ist sehr gewöhnungsbedürftig.

Wenn noch ein jüngeres Geschwisterkind da ist, dann wird sich Ihr Familiensystem nun umstrukturieren (müssen). In der Regel genießen die Zweit- oder Drittgeborenen die Extra-Portion Aufmerksamkeit, die sie nun aus Mangel an geschwisterlicher Konkurrenz quasi automatisch bekommen. Manche ziehen auch in das ehemalige Zimmer der großen Schwester oder des großen Bruders ein, was ein großes Erfolgserlebnis und Grund zur Freude sein kann.

Es kann aber auch sein, dass sich der jüngere Bruder oder die jüngere Schwestern nun mehr als sonst beäugt, kontrolliert oder eingeengt fühlt. So berichtet Annika:

»Nachdem die Großen ausgezogen waren, hat mein jüngster Sohn sich irgendwie von mir eingeengt gefühlt – obwohl ich gar nichts anders gemacht habe als vorher. So viel ungeteilte Aufmerksamkeit war er einfach nicht gewohnt. Aber statt es zu genießen, fand er es wohl eher unangenehm. Ich musste dann aufpassen, ihn mehr in Ruhe zu lassen.«

Und nun? Tipps für einen gelungenen Neuanfang

Wie auch immer es sich fügt: Der Übergang muss irgendwie gestaltet werden. Nun ist es an der Zeit, sich ganz praktisch mit den anstehenden Veränderungen zu beschäftigen. Dazu gehört, sich Fragen zu stellen wie:

- Wie soll die Beziehung zu meinem Sohn, meiner Tochter künftig aussehen? Was wünsche ich mir?

- Wie wollen wir unseren Kontakt gestalten?
- Wer besucht wen? Und wann?
- Möchte der junge Erwachsene erst einmal in Ruhe gelassen werden, oder wünscht er sich Unterstützung?
- Wie stellt er/sie sich das überhaupt vor?

In Zeiten von Handys, Skype und Facebook ist es sehr leicht, in irgendeiner Weise miteinander in Kontakt zu bleiben. Komplett abzutauchen ist ja heutzutage kaum noch möglich. Doch jederzeit erreichbar zu sein, heißt nicht zwangsläufig, dass man auch jederzeit zur Verfügung stehen *möchte*. Es ist daher sicherlich hilfreich, die gegenseitigen Erwartungen und Wünsche abzuklopfen, um mögliche Missverständnisse (»Warum hast du dich nicht gemeldet?« – »Ich hab gewartet, weil ich dachte, du meldest dich!«) gar nicht erst entstehen zu lassen. Es ist aber auch einfach ein Zeichen des Respektes, wenn Sie sich nach den Bedürfnissen und Vorstellungen Ihres erwachsenen Kindes erkundigen und signalisieren, dass sie diese ernst nehmen wollen. Natürlich müssen Sie nicht alle Wünsche Ihres Kindes erfüllen. Über bestimmte künftige Gepflogenheiten muss man sicherlich mehrmals miteinander verhandeln. Doch prinzipiell hat Ihr erwachsenes Kind auch das Recht, sich von Ihnen zurückzuziehen oder den Kontakt vorübergehend abzubrechen, wenn es das für seine weiteren Entwicklungsschritte braucht. So wie es bei Martinas Sohn war:

»Nachdem mein Sohn ausgezogen war, ist die Distanz zunächst sehr groß geworden. Er hat uns wenig Anteil nehmen lassen an seinem Leben. Darüber war ich oft traurig. In den ersten Jahren nach seinem Auszug habe ich mir große Sorgen um seine Zukunft gemacht, da er sich nicht entschließen konnte, etwas anzufangen – zu studieren, ein Lehre zu machen. Es gab kaum Kontakt. Ganz tief drinnen hatte ich aber immer das Vertrauen, dass er irgendwas aus seinem Leben machen würde. Was ja dann auch eintrat. Und heute – einige Jahre danach – haben wir recht viel, wenn auch vorsichtigen und behutsamen Kontakt miteinander.«

Oft haben junge Menschen noch keine rechte Vorstellung davon, wie sie sich den Kontakt wünschen, und es fällt ihnen schwer, dies in Worte zu fassen. Manchmal versuchen sie zu erspüren, was die Eltern sich wohl wünschen und bieten dann zum Trost »regelmäßige« Telefonanrufe an. Mit der Zeit werden sich aber sicher gewisse Rituale einstellen, die im besten Falle allen Beteiligten gefallen. Es kann aber auch sein, dass sich junge Menschen rasch kontrolliert und bedrängt fühlen, wenn Mami oder Papi allabendlich wissen will, was »heute so los war«. Dann kommt es schnell zu Reibereien und Genervtheiten, und sie reagieren häufig mit Rückzug und Abwehr. Je mehr sie das Gefühl haben, den Kontakt mitgestalten zu können, ihn nicht zwangsweise übergestülpt zu bekommen, desto besser ist das für die Beziehung.

In der Regel will ein junger Erwachsener den Kontakt gar nicht abbrechen, sondern nur anders gestalten. Es geht vielmehr um eine »Veränderung der Beziehungsmodalitäten«[12], wie es der Familientherapeut Wolfgang Hantel-Quitmann formuliert. Es geht also darum, die Regeln, die Kommunikations- und Umgangsformen neu zu justieren, sie auf eine gleichberechtigte und erwachsenere Eben zu stellen. Dieser komplexe Prozess lässt sich sicher nicht in einer halben Stunde beim Italiener ausreichend abhandeln, und manche getroffene Entscheidung wird mehrmals wieder revidiert oder modifiziert werden müssen. Vielleicht können Sie es sich zunächst gar nicht vorstellen, nicht wenigstens einmal am Tag mir Ihrer Tochter zu telefonieren, merken aber nach zwei Wochen, dass Ihnen das doch zu viel wird. Oder es macht Ihnen doch nicht so viel Spaß, jeden Sonntagmittag feierlich einen leckeren Braten für Ihren Sohn und seine Freundin zuzubereiten und lassen dieses Ritual langsam einschlafen. Das ist ganz normal, und man sollte sich nicht zu sklavisch an einmal getroffene Entscheidungen halten.

Tipp: Vielleicht machen Sie sich einfach Notizen oder überreichen Ihrer oder Ihrem Großen bei Gelegenheit eine kleine Frageliste

- Wann dürfen wir deine Wohnung ansehen?
- Möchtest du Besuch von uns/mir?
- Möchtest du meine Meinung zu deiner Wohnungseinrichtung hören oder sogar Tipps?
- Brauchst du meine Hilfe? Wobei?
- Wünschst du dir, dass ich dich anrufe? Oder möchtest du, dass ich warte, bis du dich meldest?
- ...

Umgekehrt sollten auch Sie sich Gedanken darüber machen, wie Sie sich den Kontakt wünschen:
Ich würde mich freuen,

- wenn du ab und zu anrufen/mailen würdest, wie es dir geht;

- wenn du dich meldest, wenn du uns brauchst;
- wenn du ab und zu/nach telefonischer Verabredung/immer Sonntags/ … zum Essen zu uns kämst;
- wenn du nicht ohne Vorankündigung hier auftauchst;
- wenn du deinen Schlüssel abgibst;
- wenn du deinen Schlüssel behältst, aber trotzdem klingelst, wenn du kommst;
- du uns ab und zu mal zum Kaffee oder Tee einlädst;
- …

Es kann sein, dass sich die Erwartung noch nicht verbalisieren lassen. Dann lassen Sie sich Zeit und überdenken Sie Ihre Wünsche, vervollständigen oder verändern Sie Ihre Wunsch-Liste dann entsprechend. Es ist normal, dass wir unsere Beziehungen mal intensiver, mal weniger intensiv erleben und gestalten, und dass unsere Bedürfnisse nach Kontakt variieren.
Beachten Sie aber bitte folgende Grundsätze:

- Ihr erwachsenes Kind ist nicht dazu da, alle Ihre Erwartungen zu erfüllen!
- Und Sie sind nicht dazu da, jede Erwartung Ihres erwachsenen Kindes zu erfüllen.

Die Beziehung zwischen Eltern und erwachsenen Kindern existiert auf einer freiwilligen Basis – auch wenn man sich gegenseitig noch in vielerlei Hinsicht verpflichtet fühlen mag. Im besten Fall jedoch *möchten* beide Parteien den Kontakt aufrecht erhalten. Nun geht es sozusagen um das »Fein-Tuning«: Wozu sind wir bereit und wo sind unsere Grenzen?

Prüfen Sie also auch sehr genau, was Sie geben wollen und können. Stehen Sie dazu, wenn Sie Zeit für sich brauchen oder Ihnen die Forderungen Ihres Sohnes/Ihrer Tochter zu weit gehen. Oft sind es die unausgesprochenen Erwartungen, die uns belasten, oder die vermeintlichen-Alltäglichkeiten: Mal eben mit einem Fünfziger aushelfen? Kurz mal was vom Supermarkt mitbringen oder ad hoc ein Möbelstück von A nach B transportieren? Wenn Sie das Gefühl nicht loswerden, von Ihren lieben Großen ständig auf Trab gehalten zu werden, dann überlegen Sie sehr genau, ob Sie das auch so haben wollen. Es ist Ihre Entscheidung! Den großen Kindern mal ein deutliches »Nein« gegenüber zu äußern, kann mitunter gut tun und die Grenzen auf eine positive Weise neu abstecken.

Abgrenzung statt Ablösung: die Entwicklungsaufgaben des jungen Erwachsenen

Erwachsen zu werden ist gar nicht so leicht. Dass die gesellschaftlichen und beruflichen Rahmenbedingungen schwieriger geworden sind, haben wir bereits gesehen. Sich in der Welt zu orientieren, ist heutzutage eine weitaus größere Herausforderung als noch vor 20 oder 30 Jahren.

Aber auch auf der psycho-sozialen Ebene hat der junge Mensch einen vielschichtigen Reifeprozess zu durchlaufen, der ihn zu einem selbstständigen Leben befähigen soll. Man spricht von den sogenannten »Entwicklungsaufgaben«, die er nun zu bewältigen hat. Diese bestehen vor allem darin, sich von den Eltern zu emanzipieren, sich sukzessive aus der Rolle des abhängigen und bedürftigen Kindes herauszuentwickeln. In der Psychologie nennt man das »Individuation«, »Ich-Werdung« oder – etwas altmodischer – »Verselbstung«: Es geht darum, sich in seiner Einzigartigkeit zu erkennen und seine eigenen Potenziale und Fähigkeiten zu entfalten, kurzum: sein Selbst zu finden.

Dies ist ein lebenslanger Reifeprozess, der bereits in der frühen Kindheit einsetzt und wahrscheinlich niemals abgeschlossen werden kann. Er beginnt, wenn das Kind sich erstmalig als eigenständiges Wesen erlebt, findet in den massiven Kämpfen um Autonomie in der Pubertät einen vorläufigen Höhepunkt und setzt sich danach etwas ruhiger kontinuierlich bis ins Alter fort.

Der Schritt in das Erwachsenenalter markiert im Individuationsprozess allerdings einen besonders bedeutsamen Schritt. Manche sprechen sogar von einer zweiten »Entbindung«. Das trifft insofern zu, als durch die Volljährigkeit sozusagen ein zweites Mal die Nabelschnur durchtrennt wird – wenn auch natürlich nur symbolisch. Der Begriff suggeriert aber gleichzeitig fälschlicherweise, dass der junge Erwachsene sich von den Eltern in gewisser Weise trennt – was in den meisten Fällen gar nicht der Fall ist. So schreibt der Familienpsychologe Wolfgang Hantel-Quitmann: »Bei dieser Ablösung der Jugendlichen von ihren Eltern geht es […] nicht um einen völligen Kontaktabbruch, sondern eher um eine Veränderung […] der Regeln, Kommunikationsformen und gegenseitigen Rechte und Pflichten.«[13]

Der Individuationsprozess ist insofern ein hoch komplexes und fast paradoxes Geschehen: Der junge Mensch will sich zwar von seinen Eltern unabhängig machen, gleichzeitig aber die Bindung zu ihnen nicht aufgeben. Beim Erwachsenwerden handelt es sich also weniger um eine komplette Ablösung von den Eltern, sondern eher um eine graduelle Umgestaltung der Beziehung zu ihnen.

Dieser Prozess geht manchmal langsam, holprig und mühselig vonstatten, denn der junge Erwachsene bewegt sich unentwegt im schwierigen Spannungsfeld zwischen dem Streben nach Autonomie und dem Bedürfnis nach Bindung. So kann es sein, dass unser 20-jähriger Sohn an einem Tag souverän, abgeklärt und reif wirkt und einen Tag später mental schon wieder ein bisschen »auf den Schoß« genommen werden will. Das mag nicht so krass ausgeprägt sein wie in der Pubertät, kann aber trotzdem anstrengende Ausmaße annehmen – für alle Beteiligten.

Worum aber geht es konkret? Was genau muss der junge Erwachsene leisten, wenn er sich verselbstständigt? In der Wissenschaft unterscheidet man vier Bereiche, in denen der junge Mensch eine gewisse Autonomie anstrebt:

1. Emotionale Unabhängigkeit

Je mehr der junge Erwachsene sich emotional von seinen Eltern abgenabelt hat, desto mehr schrumpft sein Bedürfnis, von den Eltern Anerkennung und Wertschätzung zu bekommen. Er wird freier davon, ob die Eltern sein Tun und Lassen gut und akzeptabel finden. Seine Entscheidungen werden immer weniger von der Frage geprägt: »Was würde Mama/Papa dazu sagen«?

Wenn Ihr großes Kind noch viel an Ihren Lippen hängt und Ihre Legitimation für bestimmte Entscheidungen benötigt, ist das ein deutliches Zeichen, dass es emotional noch sehr dicht an Ihnen dran und – zumindest in manchen Punkten – noch auf Ihre Zustimmung angewiesen ist.

2. Funktionelle Unabhängigkeit

Der junge Erwachsene lernt zunehmend, seinen Alltag selbst zu regeln und zu gestalten. Dazu gehören ganz alltagspraktische Dinge wie Haushaltsführung und Behördengänge, aber auch die Planung des Urlaubs oder die Gestaltung der Freizeit. Viele junge Erwachsene, die noch als Nesthocker in Mamis Wohnung weilen, lassen sich gerne morgens noch wecken oder sich mal eben irgendwo hinfahren. Wären sie funktionell komplett unabhängig, wäre das wohl kaum nötig …

3. Wertemäßige Unabhängigkeit

Wenn der junge Erwachsene in der Lage ist, sein Selbstbild von dem Bild, das seine Eltern von ihm haben, zu trennen, ist er von seinen Einstellungen her selbstständig. Auch wenn er ein eigenständiges Wertesystem entwickelt hat, das sich von den Vorstellungen der Eltern zumindest in Teilen unterscheidet, zeichnet das einen gewissen Reifegrad aus.

Dazu gehört die »De-Idealisierung« der Eltern: Mami und Papi sind dann nicht mehr das Maß aller Dinge, die Liebsten, Tollsten und Größten, sondern werden als ganz normale Menschen erkannt, die sich auch mal irren und durchaus ihre Schwächen haben. Auch elterliche Werte und Normen werden gründlich hinterfragt – freilich auf einem anderen kognitiven Niveau als noch in der Pubertät, in der ja prinzipiell alles »blöd« ist, was die Eltern von sich geben.

Plappert ein End-Zwanziger also immer noch vollkommen kritiklos Papis Sprüche nach, dann ist er vielleicht mit seiner persönlichen »Verselbstung« noch nicht sehr weit gekommen. Geht er allerdings immer noch in die trotzige Gegenargumentation, ist er auch noch auf dem Niveau eines 15-Jährigen stecken geblieben …

4. Konfliktmäßige Unabhängigkeit

Wenn das erwachsene Kind seinen Eltern gegenüber keine übermäßigen Wut-, Angst-, Schuld- oder Verantwortungsgefühle empfindet, spricht man von einer konfliktmäßigen Unabhängigkeit.

Dass diese allerdings schwer – oder oft erst sehr viel später – zu erreichen ist, zeigen Erfahrungen aus der Psychotherapie: Noch 40-jährige Frauen hadern manchmal massiv mit dem mentalen Erbe ihrer Mutter, und gestandene Männer fühlen sich verpflichtet, ihrem Vater zu beweisen, was für ein erfolgreicher Kerl sie doch sind. Ein gutes Beispiel für langwierige Ablöseprozesse ist auch der Mutter-Tochter-Konflikt, der oft über Jahrzehnte hinweg entweder schwelt oder offen ausgetragen wird. Erst wenn er erfolgreich beendet ist, wenn die Tochter mit der Mutter inneren Frieden geschlossen hat, gilt die junge Frau als konfliktmäßig unabhängig und somit frei für neue Entwicklungsschritte in Richtung Selbstverwirklichung. Viele Frauen müssen sich diese neue innere Freiheit mühsam in Therapien erarbeiten – was sich aber auf jeden Fall lohnt.

Bei diesen Unabhängigkeitszielen handelt es sich natürlich um Vorstellungen, die nicht einfach mal eben so erreicht werden, sondern denen wir uns durch mühsame Arbeit an uns selbst in vielen Schleifen und Spiralen über Jahre hinweg lediglich annähern können. Das Streben nach Autonomie ist ein lebenslanger Prozess, der immer wieder mit dem Bedürfnis nach Nähe, Kontakt, Bestätigung und Zuneigung in Einklang gebracht werden muss. Mit diesem spannungsgeladenen Wechselspiel zwischen Unabhängigkeit und Nähe souverän umgehen zu können, hierin eine Balance zu finden, mit der man sich wohl fühlt – das ist die große Kunst des Erwachsenseins.

Es sei noch kurz erwähnt, dass die Vorstellung, der Mensch habe im Laufe seines Lebens eine gewisse Autonomie anzustreben, eine bei uns kulturell gesetzte westeuropäische Norm ist. In anderen Ländern herrschen durchaus ganz andere Sitten. So leben türkische oder afghanische junge Leute beispielsweise in der Regel sehr lange mit ihren Eltern und Geschwistern unter einem Dach, manchmal sogar mit dem Ehepartner. Sie fühlen sich sehr lange den Eltern gegenüber verpflichtet und planen sie oft ganz selbstverständlich in ihr zukünftiges Leben ein. Inwiefern sie innerlich trotzdem unabhängig sein können, ist eine schwierig zu beantwortende Frage; in der Regel sind diese beiden Generationen durch gegenseitige Loyalität fest aneinander gebunden. Das kann Sicherheit geben, aber auch als beengt erlebt werden. Besonders junge Frauen unterliegen in diesen Familien oft noch einer strengen Beobachtung.

Vertrauen, loslassen, weiterleben: Was Eltern für ihre jungen Erwachsenen tun können – und was sie lassen sollten

Die Ich-Bildungs-Phase ist also ein mitunter beschwerlicher Weg, der natürlicherweise durch viele Zweifel, Ängste und Unsicherheiten führt. Besonders am Anfang ist er steil, steinig und zum Teil schwer einsehbar. Welche Überraschung uns nach der nächsten Biegung erwartet, wissen wir nicht. Das Ziel ist, sich über sich selbst klar zu werden und eine Art (vorläufige) Selbstdefinition zu erlangen: Wer bin ich und was will ich eigentlich? Was macht mich aus, was unterscheidet mich von anderen? Was sind meine Ziele im Leben?

Auch wenn es zum Teil mühselig ist: Es ist (zumindest in unseren Breitengraden) unerlässlich, diesen unwegsamen Weg zu gehen, um ein erfülltes Leben zu leben. Im Rucksack verstautes elterliches Vertrauen ist hierfür nicht der schlechteste Proviant.

Was können Eltern tun, um diesen Rucksack zu füllen, ohne ihn allzu schwer werden zu lassen? Wie können wir unsere Heranwachsenden dabei unterstützen, kompetente Erwachsene zu werden, ohne sie allzu sehr an uns zu binden?

»Loslassen« – ein großes Ziel. Und viele kleine Schritte

Wir wissen theoretisch, dass es nun an der Zeit ist, die Kinder endgültig »loszulassen«. Doch was heißt das eigentlich genau und wie geht das überhaupt? Reicht es, wenn ich das Kind einfach nicht über Gebühr weiter an mich binde und der Rest passiert dann von allein? Wohl kaum. »Loszulassen« bedeutet keineswegs, sich zurückzulehnen und passiv zu bleiben. »Loszulassen« ist ganz im Gegenteil ein Prozess, den man aktiv und bewusst gestalten muss.

Die Voraussetzung dafür, Kinder loslassen zu können, ist eine akzeptierende Haltung. Erst wenn wir in unserem tiefsten Inneren erkannt und angenommen haben, dass wir unsere Kinder freigeben müssen, können wir dies auch wirklich tun. Mit anderen Worten: Wir müssen unseren Kindern die innere Erlaubnis geben, sich von uns abzunabeln. Das klingt zwar banal, ist aber ein mitunter sehr schmerzhafter Prozess, denn er ist natürlicherweise mit Trauer und gelegentlich auch Ängsten verbunden. Wir müssen die Kindheit des Kindes und damit einen sehr wichtigen Lebensabschnitt verabschieden. Wir müssen uns damit auseinandersetzen, dass wir nicht mehr gebraucht werden. Und wir müssen riskieren, dass unsere Kinder sich mehr oder weniger von uns abwenden. Denn es ist ihr Leben, und es ist ihre Entscheidung, wie und wo und mit wem sie es leben und gestalten wollen.

Wir können zwar auf der äußeren, praktischen Ebene den Kindern beim Auszug helfen, auch ohne ihm diese innere Erlaubnis jemals gegeben zu haben. Dann wird Ihr Kind aber genau spüren, dass Sie es nicht wirklich freigeben. Es wird sich weiterhin stark gebunden fühlen und sich mitunter in massiven Loyalitätskonflikten wiederfinden.

Deshalb ist es wichtig und gut, dass Sie die Trauer nicht vermeiden, sondern durchleben. Auch wenn wir im Allgemeinen dazu neigen, Schmerz und vermeintliche Schwächezustände zu umgehen: Stehen Sie zu Ihren Gefühlen und gehen Sie bewusst damit um. Trauer und Abschiedsschmerz sind sehr heilsame Kräfte: Sie bereiten den Boden für einen neuen Entwicklungsschritt. Und sorgen dafür, dass man bald wieder inneren Frieden und Kräfte für neue Herausforderungen findet.

Wenn Sie grundsätzlich bereit sind, sich auf diesen inneren Prozess einzulassen und schon eine Ahnung davon bekommen haben, wie es sich anfühlen könnte, Ihr Kind loszulassen, dann könnten Ihnen folgende praktische Tipps helfen, Ihre neu gewonnene Haltung in die Tat umzusetzen.

10 Tipps, wie Sie als Mutter Ihr Kind loslassen und gleichzeitig auf seinem Weg unterstützen können (gilt natürlich auch für Väter)

1. Lösen Sie veraltete Verhaltensmuster auf

Ihre große Aufgabe ist zu akzeptieren, dass Sie ihre erwachsenen Kinder nicht mehr wie Kinder behandeln dürfen. Das hört sich zwar sehr einfach an, ist es aber nicht. Über viele Jahre eingeschliffene Rollenmuster lassen sich nicht über Nacht aufbrechen. Vielmehr müssen wir hieran sehr bewusst arbeiten.

So fällt es vielen Müttern von erwachsenen Kindern beispielsweise schwer, sich Fragen zu verkneifen, die eigentlich in ein anderes, vergangenes Zeitalter passen: »Wo gehst du hin?« – »Mit wem triffst du dich?« – oder, wenn die Kinder noch zu Hause wohnen, gar: »Wann kommst du wieder?« Dahinter kann zwar auch echtes Interesse stecken, solche Fragen grenzen aber doch sehr stark an mütterliches Kontrollverhalten.

Der Umgestaltungsprozess von der hierarchisch strukturierten Mutter-Kind-Beziehung zum (einigermaßen) gleichberechtigen Erwachsenen-Verhältnis ist holprig und langwierig. Erwarten Sie hier keine allzu schnellen Veränderungen. Dennoch sollten wir diesen Weg der Veränderung einschlagen – und zwar möglichst konsequent. Sonst fragen wir später womöglich noch unseren 60-jähigen Sohn, ob er heute schon die Socken gewechselt hat …

Um dies zu bewerkstelligen, müssen wir uns immer mal wieder beobachten:

- Würde ich zu einem anderen Menschen dasselbe sagen wie zu meinem erwachsenen Kind, z. B. zu meinen Partner oder einer Freundin?
- Und wenn ja, würde ich es eventuell anders formulieren? Oder hätte ich einen anderen Tonfall?
- Was ist der Grund meines Fragens? Habe ich das Gefühl, ich hätte ein Recht darauf, über das Leben meines Kindes Bescheid zu wissen? Mache ich mir Sorgen? Will ich es kontrollieren?
- Ist es wirklich »nur« Interesse? Wenn das so wäre, würden Sie eine Abfuhr Ihres erwachsenen Kindes (»Das geht dich nichts an!«) souverän wegstecken. Können Sie das?

Seien Sie möglichst ehrlich zu sich. Je besser Sie sich und Ihr Verhalten verstehen, desto bewusster können Sie es gegebenenfalls verändern.

2. Ziehen Sie sich angemessen zurück

Wenn Sie die Autonomiebestrebungen Ihres Kindes wirklich ernst nehmen, müssen Sie lernen, in Ihren eigenen Interessen tendenziell zurückzustecken. Soll heißten: Ziehen Sie sich angemessen aus dem Leben Ihres erwachsenen Kindes zurück. Mischen Sie sich nicht ein, wenn Ihre Meinung nicht explizit gefragt wird. In der Wohnung des Sohnes herumzuschnüffeln ist ebenso strengstens verboten wie das WG-Zimmer der Tochter nach Dreckspuren abzusuchen.

Sich ein bisschen zurückzunehmen heißt natürlich nicht, dass Sie sich nicht interessiert zeigen sollen oder Ihr Kind nicht öfter mal einladen oder besuchen dürfen. Sie müssen aber verstehen lernen, dass Sie nicht mehr die erste Geige im Leben Ihres Kindes spielen, sondern in die zweite Reihe rücken müssen. Akzeptieren Sie, dass Partner oder Freunde des großen Kindes hinfort die beliebteren Ansprechpartner (nicht nur) bei Problemen werden und Sie nur noch gelegentlich um Hilfe und Beistand gebeten werden.

3. Geben Sie Ihrem Kind mentale Rückendeckung

Kennen Sie den Ausdruck »Ich stehe voll hinter ihm/ihr?« Das ist ein schönes Sinnbild für elterliche Unterstützung. Stellen Sie sich das einfach mal vor: Sie als Mutter stehen hinter Ihrer Tochter oder Ihrem Sohn und geben ihr/ihm so die nötige Rückendeckung, die sie dringend brauchen. Diese Rückendeckung ist enorm stärkend. Wenn Sie hinter ihrem erwachsenen Kind stehen, bedeutet das aber logischerweise auch, dass Sie ihm nicht im Weg stehen können. Und auch das ist genau richtig so.

Stellen Sie sich also mental bzw. in Gedanken ganz bewusst *hinter* Ihr erwachsenes Kind – ohne es anzufassen oder zu berühren, einfach so. Wenn Sie sich in dieses Bild einfühlen können, werden Sie spüren, wie hilfreich das für Sie und Ihr Kind sein kann. Ihr Kind fühlt sich gut aufgehoben und gestärkt. Und Sie bleiben weiterhin in einer wichtigen Position, ohne Ihr Kind in seiner Entwicklung zu belasten oder zu behindern.

4. Verkneifen Sie sich bewertende Bemerkungen

Eltern geben gerne mal ihren Senf zu dem, was ihre Kinder ihnen erzählen. Das ist im Grunde genommen nichts Schlechtes. Doch je größer unsere Kinder werden, desto weniger wollen sie es vielleicht hören. Manchmal interessiert es sie nicht, was wir dazu denken, oder sie wissen ohnehin schon, was wir sagen werden, weil sie uns ja kennen. Manchmal haben sie aber auch Sorge, dass wir ihnen ein schlechtes Gewissen einreden oder sie beeinflussen wollen.

Insofern kann es nicht schaden, sich gelegentlich bewertende Kommentare zu verkneifen. Lernen Sie, bestimmte Informationen einfach erst mal zur Kenntnis zu nehmen statt sofort unreflektiert die eigene Meinung herauszuposaunen. Wenn Ihr Sohn oder Ihre Tochter Sie ausdrücklich im Ihre Meinung bittet, ist das zwar etwas anders. Doch auch in diesem Fall ist es manchmal hilfreich, sich erst einmal Gedanken zu machen, um dann etwas besonnener reagieren zu können.

Wenn es Ihnen schwer fällt, sich mit Kommentaren und Bewertungen zurückzuhalten, gewöhnen Sie es sich einfach an, prinzipiell erst einmal »Aha« zu allem zu sagen. Achten Sie dabei auf Ihren Tonfall: Es sollte natürlich nicht unfreundlich oder abweisend klingen, sondern möglichst neutral.

»Mama, ich werde mein Studium abbrechen.« – Bevor Sie jetzt ganz viele Fragen stellen oder entsetzt »Ach du meine Güte« in den Telefonhörer rufen, sagen Sie einfach nur »Aha.«

»Mama, ich fahre mit XY in Urlaub.« – »Aha.«

»Mama, ich bin jetzt wieder mit XY zusammen.« – »Aha.«

»Mama, ich hab schon wieder Schulden.« – »Aha.«

Der Vorteil des neutralen »Aha« liegt darin, dass Sie zwar signalisieren, dass sie zugehört haben, aber kein Urteil über das Gehörte fällen. Und es gibt Ihnen Zeit, sich zu überlegen, was Sie eigentlich antworten wollen. Manchmal ist es günstig, die erste affektive Reaktion zu unterdrücken, um dann zu einem anderen Zeitpunkt in Ruhe über das Gesagte miteinander ins Gespräch kommen zu können. Für Ihr Kind kann ein neutrales »Aha« eine sehr angenehme Überraschung sein, weil es womöglich mit einem Schwall von hektischen Fragen oder gar Vorwürfen gerechnet hat.

5. Zeigen Sie Interesse, ohne sich einzumischen

Natürlich wird es Sie auch weiterhin interessieren, was Ihr Kind so macht und erlebt. Es ist schön, wenn wir uns ab und zu nach seinem Befinden erkundigen und auch wirklich zuhören, wenn es uns etwas erzählt. Auch signalisieren wir damit, dass wir Anteil an seinem Leben nehmen. Wir sollten aber dringend darauf achten, bestimmte Grenzen zu wahren: Mischen wir uns zu stark in seine Angelegenheiten ein, so fühlt es sich schnell übergangen und nicht ernst genommen. Das führt unweigerlich zu Aggressionen. Und letztlich dazu, dass das Kind uns immer weniger an seinem Leben Teil haben lassen wird.

Interesse zu bekunden und zuzuhören, ohne sich einzumischen, erfordert eine Menge Selbstkenntnis und Selbstdisziplin. Diese sollten wir uns unbedingt aneignen, wenn wir mit unseren erwachsenen Kindern respektvoll umgehen wollen. Grenzüberschreitungen jedweder Art sind Kränkungen und schwächen die vertrauliche Beziehung. Je besser wir uns von unseren Kinder abgrenzen können, je klarer wir uns darüber sind, dass meine Tochter bzw. mein Sohn ganz eigenständige Menschen sind, desto besser helfen wir ihnen dabei, unabhängiger von uns zu werden.

Es kann auch sehr hilfreich sein, eine distanziertere Perspektive zu dem Kind einzunehmen. Stellen Sie sich spaßeshalber einfach mal vor, Ihr Kind wäre ein guter Bekannter: Wie würden Sie sich dann verhalten?

6. Sparen Sie sich gute Ratschläge

Klar, wir haben mehr Lebenserfahrung. Wir wissen manches, was die jungen Erwachsenen aufgrund mangelnder Reife vielleicht noch nicht wissen können. Doch muss jeder Mensch sich sein Wissen selbst aneignen und bestimmte Erfahrungen machen. Selbst wenn Sie glauben, es *wirklich* besser zu wissen: Seien Sie vorsichtig mit Tipps und Ratschlägen. Auch wenn sie noch so fundiert sind, können sie als übermäßiges Eindringen in die Entscheidungsfreiheit empfunden werden. Wenn Sie sich einen Rat absolut nicht verkneifen können, fragen Sie vorher um Erlaubnis: »Darf ich dir einen Rat geben?« Wenn Ihr Kind Nein sagt, respektieren Sie das. Lieber einmal einen klugen Tipp für sich behalten, als dem Kind das Gefühl zu vermitteln, es sei ja doch noch nicht so reif und klug wie wir.

7. Schrauben Sie Ihre Erwartungen herunter und freuen Sie sich auf das, was freiwillig kommt

Natürlich hoffen wir alle, dass unser erwachsenes Kind sich regelmäßig bei uns melden und uns öfter besuchen wird. Doch ob und wie oft es das tut, was es uns erzählt, inwieweit sich unser Kind uns anvertraut – das liegt ganz allein in seinem Ermessen. Erzwingen lässt sich da nichts. Je mehr Informationen wir von unserem Kind erwarten, je mehr wir es ausquetschen, je mehr Druck wir ausüben, desto mehr wird es sich verpflichtet fühlen, sich zu melden und »Rapport« zu leisten. Das kann sehr lästig werden und eine freiwillige und tatsächlich gleichberechtigte Beziehung schon im Keim ersticken.

Natürlich können Sie Ihre Wünsche äußern (»Ich würde dich gern öfter sehen«), allerdings auch auf die Gefahr hin, dass diese Wünsche nicht erfüllt werden. Denn auch das gehört dazu: Dass das erwachsene Kind Nein sagen darf, ohne sich schlecht dabei fühlen zu müssen.

Im Ernst: Geht uns das Privatleben des großen Kindes etwas an? Haben wir irgendein Recht, darüber informiert zu werden? Ist es nicht eher ein Privileg, ein Zeichen des Vertrauens, ein kleiner, vorsichtig zu hütender Schatz, wenn uns ein großes Kind etwas über sein Leben mitteilt?

Haben Sie Ihrer Mutter immer alles erzählt, was Ihnen wichtig war? Ich nicht. Und meine Freundinnen natürlich auch nicht. Auch das gehört zu einem gesunden Abnabelungsprozess: Zu sondieren, was Mama und Papa erfahren sollen und was nicht. Respektieren Sie das, auch wenn es Ihnen vielleicht anfänglich schwer fällt.

8. Schaffen Sie den mütterlichen Kontrollblick ab

Natürlich haben wir das Loslassen des Kindes in den letzten Jahren schon öfter geübt. Wir waren traurig, wenn das Kind zur Klassenfahrt gefahren ist und haben es dennoch dabei unterstützt. Wir haben schon viele Erfahrungen damit gemacht, das Kind loszulassen und es trotzdem im Blick zu behalten. Doch nun geht es um mehr, nämlich darum, unserem erwachsenen Kind das nötige Vertrauen entgegenzubringen, dass es das Leben auch ohne uns meistern kann. Und dazu gehört auch, das Kind aus dem eigenen Blick zu entlassen – zumindest phasenweise. Das mag gewöhnungsbedürftig sein, lässt sich aber lernen. Mütter, die jeden Abend telefonisch sicher gehen müssen, dass ihre Tochter heil zu Hause angekommen ist oder die von ihrem Sohn hören wollen, ob er auch genug gegessen hat, haben offensichtlich noch große Probleme damit, die Verantwortung abzugeben. Hier hilft nur Vertrauen. Vertrauen Sie Ihrem Kind, dass es auf sich selbst aufpassen kann. Und wenn Sie sich nicht sicher sind, ob es das kann: Dann geben Sie ihm einen Vertrauensvorschuss. Soll heißen: Erlauben Sie ihm, das zu lernen – ohne unentwegt Ihren Kontrollblick schweifen zu lassen …

9. Gestehen Sie Fehler und Unzulänglichkeiten ein, ohne Verständnis zu erwarten

Um das große Kind gut gehen lassen zu können, gehört ein gewisses Vertrauen in seine Fähigkeiten, sich in der Welt zurechtzufinden. Dies tangiert aber sofort auch die Frage, ob ich mich auch auf meine Erziehungsleistung verlassen kann: Habe ich es gut genug gemacht? Habe ich meinem Kind das nötige Rüstzeug für das Leben mitgegeben?

Wenn Sie an diese Stelle nicht aus vollem Herzen »Ja, natürlich!« ausrufen, sondern eher mit einem eher zögerlichen »Na, hoffentlich!« antworten: Sie sind nicht allein. Die meisten Mütter schätzen ihre eigene Erziehungsleistung sehr realistisch ein. Sie können erkennen, dass sie ihren Job zwar so gut wie möglich gemacht haben und ihnen auch vieles gelungen ist von dem, was sie sich vorgenommen hatten. Sie sind aber auch in der Lage zu realisieren, dass sie in der einen oder anderen Situation auch mal ungerecht oder überfordert waren oder nicht wirklich präsent sein konnten. Sich diese menschlichen Unzulänglichkeiten eingestehen zu können, ist ebenso wichtig wie schwierig – und übrigens auch ein Zeichen einer gewissen Reife. Wir sind niemals perfekt, auch und besonders als Mütter nicht. Damit müssen Kinder leben, sie können es sogar meistens recht gut.

Es erleichtert älteren Kindern allerdings das Leben sehr, wenn Mütter dann auch in der Lage sind, mal zu sagen: »Stimmt, in dieser Zeit war ich furchtbar streng mit dir. Das war nicht fair von mir.« – »Mensch, was habe ich dir da zugemutet. Du musstest so viel alleine schaffen, das tut mir heute noch leid.«

Dabei sollten wir allerdings nicht anfangen, unser Verhalten zu rechtfertigen. Wir werden zwar einen Grund dafür gehabt haben, und wenn wir diesen kennen – umso besser für uns. Wenn wir aber anfangen, vor unseren Kindern, unsere »Erziehungsfehler« ausführlich zu rechtfertigen, erwarten wir fast automatisch von ihnen, dass sie uns bitte sofort verstehen und uns verzeihen mögen. Das müssen sie aber nicht. Sie dürfen einfach mal empfinden, dass sie sich ungerecht behandelt gefühlt haben. Und sie haben auch ein Recht darauf, darüber sauer oder traurig zu sein. Ob sie uns das dann bei Gelegenheit von sich aus verzeihen, ist dann ganz allein ihre Entscheidung.

10. Besinnen Sie sich auf Ihr eigenes Leben

Das schönste Geschenk, das Sie einem großen Kind machen können, ist, sich auf das eigene Leben zu besinnen. Erwachsene Kinder, die sicher sind, dass ihre Mutter ein buntes, abwechslungsreiches und erfülltes Leben lebt, können sich einfach besser abnabeln als solche, die das Gefühl haben, eine traurige, einsame Frau zurückzulassen. Es gibt viele Töchter, die Skrupel haben, ein fröhliches und erfolgreiches Leben zu leben, weil sie sehen, dass ihre Mutter das niemals hatte. Sie brauchen hierfür dann oft die Legitimation, die mütterliche Erlaubnis: »Du darfst glücklich sein, auch wenn ich das manchmal nicht bin.« Das kann ein segensreicher Satz sein, besonders für Kinder, sie sich stark für das Glück und die Befindlichkeit ihrer Eltern zuständig fühlen.

Man muss natürlich keine steile Karriere hinlegen, um ein schönes Leben zu führen: Hauptsache, Sie tun etwas für sich, treffen sich mit Freundinnen oder machen wieder Sport, übernehmen ein Ehrenamt oder starten eine Weiterbildung. Erwachsene Kinder unterstützen solche (neuen) Aktivitäten meistens sehr. Erstens, weil sie es uns wirklich von Herzen gönnen; und zweitens, weil es sie entlastet: Wenn meine Mama ein gutes Leben lebt, dann darf ich das schließlich auch.

Exkurs: Haben es Kinder Alleinerziehender schwerer, sich abzulösen?

Ob der Ablösungsprozess für Kinder von Alleinerziehenden schwerer ist, konnte bislang nicht eindeutig geklärt werden. In der familientherapeutischen Praxis gibt es mitunter Hinweise darauf, dass sich die erwachsen werdenden Kinder dem alleinerziehenden Elternteil gegenüber besonders verpflichtet fühlen und gelegentlich in massive Loyalitätskonflikte geraten, wenn sie ihren eigenen Weg gehen wollen. So berichtet Liane:

»Ich musste meine jüngste Tochter sehr darin unterstützen auszuziehen, da sie ja wusste, sie würde mich dann hier alleine zurücklassen. Das hat sie damals sehr beschäftigt. Ich habe es dann als meine Aufgabe gesehen, ihr klar zu machen, dass sie wirklich gehen darf und ich mit ihrem Auszug klar kommen werde. Das war gut und wichtig – für uns beide.«

Andererseits gibt es auch eindeutige Hinweise darauf, dass Kinder von Alleinerziehenden früher selbstständig werden und auch früher von zu Hause wegziehen.

Zusammenfassend kann man wohl sagen, dass es weniger auf die Form des familiären Zusammenlebens (Ein-Elternteil-Familie, Patchwork-Familie, »normale« Familie) ankommt, ob sich das große Kind gut ablösen kann, sondern vielmehr auf die Ausgestaltung der jeweiligen Bindungen und Beziehungen. Und natürlich auf die Bereitschaft und Fähigkeit der Mutter/des Vaters, diese – oft sehr enge und verbindliche – Bindung nach und nach zu lockern.

Warum Eltern keine Freunde sind. Sondern maximal so etwas Ähnliches

Einmal Mutter – immer Mutter? Das stimmt natürlich irgendwie. Selbst wenn die Kinder älter werden, bleiben sie unsere Kinder. Echte Freunde können wir auch nicht werden, denn Freunde sucht man sich selber aus. Wir können versuchen, eine Art freundschaftliches Band zu knüpfen. Das ist an sich eine gute Sache.

Dennoch sollten wir bedenken: Wir waren, sind und bleiben immer diejenigen, die das Kind ernährt, versorgt und erzogen haben. Wir bleiben auch diejenigen, die mit ihm geschimpft haben, gelegentlich ungerecht zu ihm waren und die es gelegentlich versäumt haben, das Kleine zum richtigen Zeitpunkt in den Arm zu nehmen. Wir sind auch diejenigen, die unseren Kindern unbewusst Botschaften mit auf den Weg geben, von denen wir selber vielleicht keine Ahnung haben. Solche Botschaften nennt man in der Familienpsychologie »Delegationen«. So kann sich ein Vater insgeheim wünschen, dass der Sohn das abenteuerliche Leben führen möge, das er selbst sich nicht zu führen traute. Oder eine Mutter gibt ihrer Tochter unbewusst mit auf den Weg, dass sie den Erfolg im Beruf über alles andere stellen sollte, weil sie selber auf beruflichen Erfolg verzichten musste. Und manche inneren Konflikte aus der frühesten Kindheit schleppen Kinder ein Leben lang mit sich herum, ohne dass die Eltern auch nur den Hauch einer Ahnung davon haben, was sie ihrem Kind da unbewusst mitgegeben haben. Das ist weder verwerflich noch vermeidbar, sondern ganz normal. Wir sind alle nur Menschen und von daher unvollkommen. Jedes Kind wird im Laufe seines Lebens mit Enttäuschungen konfrontiert und muss diese verarbeiten. Dass dies fast allen Kindern gelingt, ist keine Frage. Die Frage ist eher: Was für Konsequenzen ziehen sie daraus? Und was bedeuten diese Konsequenzen für ihren künftigen Lebensweg? Aber das zu klären und aufzulösen, ist nicht Ihre Aufgabe als Eltern. Das ist die Aufgabe Ihres großen und eigenverantwortlichen Kindes.

Die Eltern-Kind-Bindung ist und bleibt also etwas Besonderes. Es gibt eine lange und vielschichte, oft ambivalente Geschichte zwischen uns und unseren Kindern, die man nicht unter den Tisch kehren kann. Die Parole »Ab heute sind wir gute Freunde« funktioniert deshalb nicht so einfach.

Insofern bleiben wir also immer die Eltern, auch dann, wenn wir einen besonders partnerschaftlichen und respektvollen Umgang miteinander pflegen. Das heißt aber im Umkehrschluss nicht, dass man für seine großen Kinder immer zu Verfügung zu stehen habe, geschweige denn für das Glück der Großen zuständig ist. Irgendwann sind die Großen einfach für sich selbst verantwortlich. Dazu gehört die Erledigung der Pflichten des Alltags ebenso wie die Fähigkeit, die Mutter nicht ausschließlich auf die Rolle der Mutter festzulegen, sondern sie auch als eigenständigen Menschen zu erkennen, der eigene Bedürfnisse, Schwächen und Interessen hat. Beides sollten Mütter ab einem gewissen Zeitpunkt erwarten und auch entsprechend einfordern. Erst wenn der junge Mensch verstanden hat, dass die Mutter nicht nur Mutter, sondern darüber hinaus noch vieles mehr ist, kann die Mutter-Kind-Beziehung auf eine erwachsene Grundlage gestellt werden.

Miteinander ins Gespräch kommen: Wie soll's denn werden?

Manchmal ist es hilfreich, sich schon im Vorfeld über die gegenseitigen Erwartungen auszutauschen: um Missverständnisse zu vermeiden oder um schon jetzt gewisse Grenzen abzustecken, die wichtig für Sie (oder für Ihren Sohn oder Ihre Tochter) sind.

Das ist eher ungewöhnlich, weil man sich meistens über die eigenen Erwartungen gar nicht so im Klaren ist. Erst, wenn sie enttäuscht wurden, merken wir, dass da was war: Ohne Erwartungshaltung ist schließlich eine Enttäuschung gar nicht möglich. Es ist aber ganz normal und gesund, gewisse Erwartungen zu haben – selbst wenn es natürlich keine Garantie dafür gibt, dass sie auch erfüllt werden.

Also: Sprechen Sie mit Ihrem Sohn oder Ihrer Tochter über Ihre gegenseitigen Erwartungen. Vielleicht überlegen Sie zunächst für sich allein folgende Fragen:

Fragebogen für Eltern: Wie stelle ich mir den Kontakt zu meinem erwachsenen Kind vor?

- Was erwarte ich von meinem erwachsenen Kind? (Wie oft soll es sich melden, was interessiert Sie am meisten, was möchten Sie erfahren …?)
- Wie möchte ich mein erwachsenes Kind unterstützen? Was bin ich in der Lage zu leisten (finanziell, mental, emotional) und was übersteigt meine Möglichkeiten?
- Wie wünsche ich mir den Kontakt zu meinem Kind (Telefonate, Besuche, gemeinsame Unternehmungen …)?
- Wie oft möchte ich Kontakt zu meinem Kind (regelmäßig, unregelmäßig, je nach Bedarf und Lust und Laune, einmal wöchentlich …)?
- Was ist mir besonders wichtig im Kontakt mit meinem Kind (ernste Gespräche, miteinander Spaß haben, Offenheit …)?
- Was kann ich meinem Kind geben und was kann es annehmen?

Sie können, wenn Sie mögen auch Ihr Kind bitten, folgende Fragen zu beantworten:

Fragebogen für junge Erwachsene: Was wünschst du dir von mir?

- Wie stellst du dir unseren Kontakt in Zukunft vor?
- Was erwartest du von mir/uns?
- Wie könnte ich dich/könnten wir dich am besten unterstützen?
- Wie oft möchtest du Kontakt haben?
- Was würde dir total auf die Nerven gehen?
- Was ist dir besonders wichtig im Kontakt mit uns?

Wenn Sie sich nun beide über diese gegenseitigen Erwartungen klarer geworden sind, könnten Sie darüber ins Gespräch kommen. Eine andere schöne Möglichkeit ist auch, sich gegenseitig Briefe zu schreiben. Oder sich zu mailen. Wie auch immer: Es kann sehr entlastend sein zu prüfen, wo die Erwartungen möglicherweise übereinstimmen und wo es unterschiedliche Vorstellungen gibt. Darüber muss dann besonders geredet werden. Hier einen guten Kompromiss zu finden, mit dem beide gleichermaßen zufrieden sind, wäre eine wichtige Aufgabe. Solange ausschließlich Sie als Mutter sich mit Ihren Ansprüchen durchsetzen, handelt es sich keineswegs um ein gleichberechtigtes Verhältnis. Und wenn Sie sich umgekehrt ausschließlich nach den Wünschen des großen Kindes richten, ist es ebenfalls noch nicht ausgewogen. Tarieren Sie es so lange aus, bis es für Sie beide passt. Dieser Feinabstimmungsprozess kann freilich ein paar Monate bis Jahre dauern. Manche Mutter-Tochter-Konstellation besteht fast nur aus dem Konflikt, wer hier wem was recht oder nicht recht macht. Um aus dieser verhängnisvollen Macht-Spirale herauszukommen, muss die Mutter von ihren Ansprüchen ablassen – oder die Tochter wird sich irgendwann mit Gewalt losreißen und einen Kontaktabbruch bewusst riskieren (müssen), um sich endlich abzunabeln.

Was sich erwachsene Kinder von ihren Eltern wünschen: Unrepräsentative Umfrage-Ergebnisse

Frage: Was erwartest du von deinen Eltern?

»Ich erwarte von meinen Eltern, dass sie für mich da sind und mir helfen, wenn ich Probleme habe.« (Lisa, 20 Jahre)

»Ich erwarte von meinen Eltern, dass sie meinen Lebensstil akzeptieren und mir nicht mehr dauernd sagen, was ich tun und zu lassen habe. Außerdem wünsche ich mir manchmal Hilfe von ihnen, z. B. beim Umzug, oder dass sie mir ihr Auto leihen.« (Jan, 19 Jahre)

»Ich wünsche mir, dass ich mich auf sie verlassen kann. Dass sie ein Ankerpunkt in meinem Leben sind, eine Anlaufstelle.« (Maria, 28 Jahre)

»Ich erwarte von meinen Eltern, dass sie mir auf meinem Lebensweg eine Unterstützung sind und bleiben. Ich erwarte Akzeptanz und Toleranz, dass ich mich im Notfall auf sie verlassen kann und dass meine Wünsche und Grenzen respektiert und geachtet werden. Ich erwarte Ehrlichkeit und Wohlgesonnenheit, Interesse an mir und dem, was mir wichtig ist. Ich erwarte, von ihnen ernst genommen zu werden.« (Tina, 26 Jahre)

Frage: Wie können dir deine Eltern vermitteln, dass sie für dich da sind?

»Wenn ich z. B. ein Problem habe, kann ich zu ihnen kommen, und das wird nicht abgetan, sondern ernstgenommen. Daran merk ich das.« (Lisa, 20 Jahre)

»Indem sie mir zuhören, wenn ich ihnen was erzählen will.« (Jan, 19 Jahre)

»Dass sie kommen und da sind, wenn ich sie wirklich brauche und sie um Hilfe bitte.« (Maria, 28 Jahre)

»Indem sie ein offenes Ohr für mich haben, ich mich bei Problemen an sie wenden kann, dass sie ggf. sogar Lösungsvorschläge haben, dass sie Interesse an mir zeigen, an dem, was ich tue, was mir wichtig ist, daran dass sie die Menschen, die mir wichtig sind in meinem Leben, kennen- und lieben lernen.« (Tina, 26 Jahre)

Frage: Wie unterstützen dich deine Eltern? Machen Mutter und Vater dies unterschiedlich?

»Mein Vater hilft mir eher praktisch, also finanziell, handwerklich, er klärt bürokratische Dinge am Telefon für mich, hilft beim Suchen im Internet usw. Meine Mutter unterstützt mich eher emotional, d. h. sie hilft mir dabei, Entscheidungen zu treffen, ‚berät' mich. Ich kann mit ihr über alles reden.« (Lisa, 20 Jahre)

»Sie helfen mir manchmal bei bürokratischen Sachen, Formulare auszufüllen, Anträge zu stellen und so. Ab und zu spendieren sie mir auch einen Lebensmittel-Großeinkauf. Und sie finanzieren meine Wohnung.« (Jan, 19 Jahre)

»In erster Linie unterstützen sie mich finanziell, aber sie tun mir auch viele Gefallen. Mental unterstützen ist hingegen nicht so ihr Ding.« (Maria, 28 Jahre)

»Sie sind für mich immer als Ansprechpartner da. Ich kann mit Problemen und Sorgen kommen, ich kann auch mal mein Kind bei ihnen ‚parken', wenn ich was anderes vor habe. Meine Mutter beschäftigt sich eher mit dem theoretischen Teil (Gespräche, Seelsorge, Problemlösung etc.) und mein Vater packt mit an, wenn ich praktische Hilfe benötige (Sofa schleppen, Waschmaschine anschließen etc.).« (Tina, 26 Jahre)

Frage: Was nervt dich im Umgang mit deinen Eltern bzw. was würde dich nerven?

»Mich nervt, dass sie manchmal zu wenig Zeit für gemeinsame Unternehmungen haben, z. B. shoppen.« (Lisa, 20 Jahre)

»Seitdem ich ausgezogen bin, nervt mich eigentlich nichts mehr, weil meine Eltern mich jetzt mehr in Ruhe lassen und wir uns nicht mehr so oft streiten. Ich fahre jetzt auch gerne mal wieder ‚nach Hause' zu Besuch.« (Jan, 19 Jahre)

»Manchmal nervt mich das Gefühl, dass meine Mutter Kontrolle über mich haben will. Sie will immer wissen, wo ich bin, was ich wann wie mache. Und dass ich immer das Gefühl habe, ich sollte mehr mit ihr unternehmen.« (Maria, 28 Jahre)

»Mich würde nerven, wenn ich das Gefühl hätte, mich für bestimmte Dinge in meinem Leben rechtfertigen zu müssen. Mich würde auch nerven, wenn sich meine Eltern in die Erziehung meines Kindes einmischen oder an meiner Wohnung herummeckern würden. Aber zum Glück ist das ja nicht so.« (Tina, 26 Jahre)

Frage: Wie wünschst du dir den Kontakt zu deinen Eltern?

»Ich wünsche mir, dass der Kontakt entspannt, vertraut, respektvoll und lustig ist.« (Lisa, 20 Jahre)

»Ich wünsche mir, dass ich selbst bestimmen kann, ob ich sie anrufe oder sie besuche und nicht das Gefühl habe, ich müsste das tun.« (Jan, 19 Jahre)

»Ich wünsche mir, dass der Kontakt etwas lockerer, etwas oberflächlicher wird als er jetzt ist.« (Maria, 27 Jahre)

»Ich wünsche mit, dass der Kontakt so bleibt, wie er jetzt ist: unregelmäßig, ungezwungen, angenehm und offen.« (Tina, 26 Jahre)

Frage: Wie oft möchtest du Kontakt zu deinen Eltern?

»Täglich.« (Lisa, 20 Jahre)

»Ich melde mich so ungefähr einmal in der Woche bei ihnen, und ab und zu melden sie sich bei mir und fragen, wie es geht. Das ist okay so für mich.« (Jan, 19 Jahre)

»Mit meinem Vater spreche ich jeden Tag und finde das auch gut. Mit meiner Mutter würde mir einmal im Monat telefonieren reichen.« (Maria, 27 Jahre)

»Je nach Lust und Laune mal mehr und mal weniger.« (Tina, 26 Jahre)

Frage: Was ist dir besonders wichtig im Kontakt mit deinen Eltern?

»Dass wir über alles reden können.« (Lisa, 20 Jahre)

»Dass ich nicht das Gefühl habe, kontrolliert zu werden, und dass wir auch über Schwierigkeiten reden können.« (Jan, 19 Jahre)

»Dass man wirklich miteinander reden kann. Dass man nicht dauernd aufpassen muss, was man wie sagt. Einfach ein offenes Ohr füreinander zu haben, das ist mir wichtig.« (Maria, 27 Jahre)

Und was würde Ihr Sohn bzw. Ihre Tochter antworten? Fragen Sie ihn oder sie doch einfach.

Wenn Ihr »Kind« keine Lust hat, auf diese Fragen zu antworten, beantworten Sie sie doch einfach selber. Sicher besitzen Sie das nötige Einfühlungsvermögen dazu, Sie kennen Ihr Kind ja schließlich am besten.

4. Schwiegerkinder und andere Herausforderungen: Krisen und Konflikte meistern

Kleine Kinder, kleine Sorgen – große Kinder, große Sorgen? Ist an diesem alten Sprichwort womöglich mehr dran, als wir wahrhaben wollen? Denn insgeheim hoffen wir doch, dass mit erledigter Erziehungsarbeit und spätestens dem Auszug des Kindes alle Probleme endgültig beseitigt sind. Wir wünschen uns, dass das erwachsen gewordene Kind ein glückliches Leben führt und wir in Ruhe unserem Dasein frönen können. Doch so einfach ist es leider oft nicht. Die Krisen unserer erwachsenen Kinder – ob Trennung, Jobverlust oder Krankheit – beschäftigen auch uns Eltern immer wieder. Wir leiden mit, wenn die uns mittlerweile lieb gewordene »Schwiegerfreundin« unseren 25-jährigen Sohn verlässt und dieser sich hinfort mit Liebeskummer herumquält. Wir leiden auch mit unserer Tochter, die mit ihrem Studium nicht zurandekommt oder keinen Mann findet, der bei ihr bleibt. Und wir schwanken zwischen heftigem Ärger und massiver Sorge, wenn das Kind aus unerfindlichen Gründen immer wieder in finanzielle Bedrängnisse gerät. Wir sehen mitunter mit Bauchweh, dass sich unsere Kinder sehr vieles zumuten, so wie Sabine:

»Ich finde, dass mein Sohn beruflich und privat zu sehr belastet ist und ich habe manchmal Angst, dass er ernstlich krank wird.«

Oder man macht sich Sorgen, weil das große Kind zu wenige Freunde zu haben scheint, wie das bei Susanne der Fall ist:

»Ich mache mir Sorgen um meine Tochter, weil sie kaum Freundinnen und Freunde hat. Sie wirkt manchmal traurig und in sich gekehrt. In diesen Situationen fühle ich mich als Mutter oft hilflos.«

Überhaupt gehört die Sorge um das Wohlbefinden der erwachsenen Kinder offensichtlich einfach dazu. So beschreibt Irene:

»Meistens habe ich das Gefühl: Das wird schon. Alles ist gut. Manchmal mache ich mir aber auch Sorgen um meine volljährigen Kinder: Darüber, dass es ihnen vielleicht nicht gut geht, dass sie krank werden könnten, dass mein Sohn es sich manchmal so schwer macht und sich keine Arbeit sucht und deswegen vielleicht seine Wohnung verlieren könnte und dann obdachlos wird. Und ich kann dabei nur zusehen, nicht eingreifen, weil er es sonst ja nicht lernt.«

All solche Sorgen beschäftigen uns mitunter. Und das, obwohl wir das Gefühl haben, kaum noch wirklich Einfluss nehmen zu können. Natürlich: Wir trösten, wenn es sein muss, so gut wir es können. Wir reden und versuchen, unseren Kindern irgendwie aus der Patsche zu helfen. Manchmal helfen wir auch mit Geld aus. Doch unsere Möglichkeiten sind trotzdem begrenzt. Denn letztlich liegt es in der Verantwortung des erwachsenen Kindes, sein Leben in die Hand zu nehmen und die Schwierigkeiten zu meistern, die ihm das Leben in den Weg legt. Die damit verbundene graduelle Hilflosigkeit ist für Eltern manchmal schlecht zu ertragen. Dennoch erhalten sie in diesen mitunter belastenden Zeiten wenig Unterstützung. Es ist, als erwarte man stillschweigend, dass Eltern von erwachsenen Kindern das alles einfach auszuhalten und irgendwie damit fertig zu werden hätten. Wie das allerdings gehen soll, sagt ihnen niemand. Und so bleiben viele ältere Mütter oder Elternpaare mit ihrem Kummer allein.

Liebeskummer und Studienqual – Wenn das große Kind Probleme hat

Während Probleme mit kleinen Kindern durchaus salonfähig geworden sind (»Ist dein Sohn auch manchmal so widerspenstig? Meiner ist grade in der Trotzphase!«), wird über Probleme, die wir mit unseren großen Kindern haben, im Allgemeinen nicht viel geredet. Während es zu jedem Erziehungsthema mitterweise reihenweise Ratgeber gibt, findet man kaum Literatur zum Thema »Probleme zwischen Eltern und ihren erwachsenen Kindern.«

Auch hatte ich bei meinen Recherchen für dieses Buch erhebliche Schwierigkeiten, Eltern zu finden, die mit mir offen über ihre Konflikte mit ihren erwachsenen Kindern reden wollten. Es scheint irgendwie peinlich zu sein. Junge Menschen, die sich bereitwillig lautstark über ihre

Eltern beschweren, gibt es dagegen viel häufiger. Sie haben wenig Hemmungen, mehr oder weniger lust- und humorvoll über ihre Eltern herzuziehen.

Woran liegt es, dass Mütter so ungern über die Schwierigkeiten im Leben ihrer großen Kinder sprechen? Womöglich daran, dass sie sich immer noch überwiegend für das »Ergebnis« ihrer langjährigen Erziehungsbemühungen verantwortlich fühlen. Sie sind diejenigen, die angeblich »schuld« sind, wenn etwas »falsch« läuft. »Mother-Blaming« ist schon seit Jahrzehnten Usus in Psychologie und Gesellschaft: Die Mutter ist schuld, wenn das Kind in der Schule versagt, die Ausbildung schmeißt, Drogen nimmt, krank ist oder zu viel Alkohol trinkt. Diese simple, im Grunde genommen überholte und aus familientherapeutischer Sicht ohnehin viel zu einseitige Vorstellung, dass die Mutter (fast) die alleinige Verantwortung für die Lebenstüchtigkeit des Kindes trägt, ist immer noch omnipräsent. Probleme des großen Kindes einzugestehen, kommt dann oft einer erziehungstechnischen Niederlage gleich und provoziert schnell das Gefühl der eigenen vermeintlichen Inkompetenz. Kein Wunder, dass sich Mütter genau überlegen, wem man solche brisanten familieninternen Einzelheiten überhaupt anvertrauen kann. Gerne brüstet man sich dagegen mit den Erfolgen der Kinder. Ein hervorragendes Abitur, ein tolles Studium oder ein guter Ausbildungsplatz sind natürlich echte Gründe für Freude, aber auch eine gute Möglichkeit zu signalisieren: »Seht her, aus meinen Kindern ist etwas geworden!« Es ist schließlich auch ein (vermeintlicher) Beweis dafür, dass Eltern alles gut und richtig gemacht haben. Für Eltern, deren Kinder eher Misserfolge ernten, unglücklich sind oder im Leben einfach noch etwas unsicher herumeiern, sind solche vor Stolz nur so strotzenden Muttis manchmal schwer zu ertragen.

Was also tun, wenn wir merken, dass es unserem heranwachsenden Kind nicht sonderlich gut geht? Wenn es sich allein fühlt, unter dem Chef in seinem Ausbildungsbetrieb leidet oder gar in einer psychischen Krise steckt? Wie können wir helfen?

Natürlich ist es dann gut, sich einfach zusammenzusetzen und die Probleme miteinander zu besprechen. Dafür brauchen Sie manchmal ein bisschen Fingerspitzengefühl und Mut. Darf ich mich überhaupt einmischen? Manchmal zögern junge Erwachsene auch, ihren Eltern offen von ihren Problemen zu erzählen, weil sie sich eventuell dafür schämen oder eigentlich das Gefühl haben, das schon alleine schaffen zu müssen. In diesem Fall kann es ganz hilfreich sein, auf sanfte Weise hartnäckig zu bleiben, so wie Luisa:

»Mein Sohn studierte schon ein paar Semester an der Universität. Er machte alles soweit ganz gut und ich dachte immer, es macht ihm Spaß. Trotzdem begann ich, mir irgendwann Sorgen um ihn zu machen, weil ich mitbekam, dass er nicht ganz glücklich war. Ich hatte das dumpfe Gefühl, dass er etwas Wichtiges vor sich herschob, selbst aber nicht die Kurve kriegte, sich darum zu kümmern. Mit diesem Nicht-Kümmern ging es ihm aber offensichtlich zunehmend schlechter.
Kurze Zeit später stellte sich dann tatsächlich heraus, dass er es immer noch nicht geschafft hat, ein wichtiges Praktikum zu absolvieren, das er schon längst hätte machen müssen. Er riskierte damit, nicht zum Hauptstudium zugelassen zu werden. Mein Mann und ich waren davon sehr überrascht und auch nicht besonders begeistert. Aber dann haben wir durch vorsichtiges Fragen versucht herauszufinden, woran es liegen könnte, dass er sich nicht rechtzeitig darum gekümmert hat. Wir wissen es immer noch nicht ganz genau. Irgendwas scheint ihn einfach zu hemmen. Offensichtlich weiß er es auch selber nicht. Ich habe aber mittlerweile die Vermutung, dass dahinter Ängste stehen, sich dem wirklichen Berufsleben zu stellen und dieses vielleicht nicht bewältigen zu können.
In gemeinsamen Gesprächen haben wir dann ganz praktisch eine Strategie entwickelt, wie das mit dem Praktikum noch klappen könnte. Das hat ihm offensichtlich sehr geholfen. Denn tatsächlich hatte er bald die Möglichkeit, ein attraktives Praktikum anzutreten.
Im Nachhinein hat sich für uns herausgestellt, dass es gut war, so aufmerksam und sensibel zu sein. Einerseits haben wir als Eltern zwar etwas genervt, weil wir so hartnäckig drangeblieben sind, auf der anderen Seite habe ich aber auch so etwas wie Erleichterung und Annäherung von seiner Seite gespürt, nachdem das Thema auf dem Tisch war. Unser Sohn hat uns in der letzten Zeit jetzt immer mal wieder um einen kleinen Rat oder um Unterstützung gebeten. Auch die Jungerwachsenen brauchen uns halt hin und wieder noch einmal, und das finde ich auch ganz normal.«

Manchmal kann es also sehr hilfreich sein, auch ein großes Kind (vorübergehend) wieder ein bisschen an die Hand zu nehmen.

Insgesamt müssen wir uns aber auch über folgende Punkte klar werden.

1. Akzeptieren Sie, dass es Ihrem erwachsenen Kind manchmal nicht gut geht.

Hört sich komisch an? Vielleicht. Niemand freut sich, wenn es einem Kind schlecht geht, es geht uns schnell an die Substanz und macht uns traurig. Es gibt aber Mütter, die es kaum ertragen können, wenn ihr Kind nicht immer freudestrahlend vor ihnen steht. Die Tränen des Kindes empfinden sie als Zeichen ihres Versagens und fühlen sich von ihnen massiv in ihrem mütterlichen Selbstwertgefühl bedroht.

Manche Mütter haben auch einfach keine Kraft, sich um ein trauriges Kind zu kümmern, vielleicht weil sie im tiefsten Inneren selbest so traurig sind und dies nicht spüren wollen. Der Kinderkummer würde dann ja an diese eigene inneren Traurigkeit rühren …

Es kann aber auch sein, dass eine Mutter es schlecht aushalten kann, dass es ihrem Kind nicht gut geht, weil sie selber ein so trauriges Kind war und sich geschworen hat, es besser zu machen als ihre eigene Mutter. Sie erwartet dann von sich, das Kind immer glücklich zu machen, so dass für Kummer einfach kein Platz mehr ist.

Oder sie hält das Kind nicht für robust genug, um Frusterlebnisse wegzustecken. Es gibt viele Gründe, warum es manchen Eltern so schwer fällt, sich den Kummer des Kindes in Ruhe anzuschauen. Dabei ist es normal, dass Kinder manchmal frustriert oder traurig sind. Wenn wir das aber nicht zulassen können, dann führt das dazu, dass das Kind sich in seinem Kummer nicht gesehen fühlt, dass es das Gefühl bekommt, »verbotene« oder »unerwünschte« Gefühle zu haben.

Es gibt nun zwei Wege für das Kind, damit umzugehen: Entweder es wird trotzig und fordert vehement und zornig den Blick der Mutter ein. Oder es gewöhnt es sich schlicht und einfach ab, seinen Kummer zu zeigen.

Kinder merken schon sehr früh, ob Mami und Papi es aushalten können, wenn es ihnen mal nicht gut geht, oder ob sie schlechte Laune und Kinderkummer nicht ertragen können. Weil Kinder sehr geneigt sind, die unbewussten Bedürfnisse der Eltern zu erspüren, verschonen sie ihre Eltern dann – und geben vor, immer zufrieden und fröhlich zu sein. Da kein Kind aber immer ausgeglichen und fröhlich sein kann, muss es seine Aggressionen, seine Wut oder seinen Frust unterdrücken. Dann kann das Kind erstens nicht lernen, mit solchen Gefühlen angemessen umzugehen, und zweitens kommt die Wut dann mit Sicherheit an einer anderen Stelle heraus.

Das gilt insbesondere für den Umgang mit kleineren Kindern, ist aber für große ebenso von Bedeutung. Wenn erwachsene Kinder das Gefühl haben, dass sie ihren Eltern die Schwierigkeiten nicht zumuten können, dann werden diese davon womöglich auch nie etwas erfahren. Oder sie hauen es den Eltern dann später umso heftiger in Form von Vorwürfen um die Ohren: »Du wolltest ja nie wissen, wie es mir wirklich geht!« Wie Sie dann mit solchen Vorwürfen umgehen können, lesen Sie auf S. 113ff.

2. Bedenken Sie: Ihr Kind hat ein Recht auf seine Krisen. Und auf die Chance, sie selbstständig zu meistern.

Auch das hört sich merkwürdig an und ist nicht unbedingt eine Selbstverständlichkeit. Weil Krisen unangenehm und schmerzhaft sind, würden wir alle ziemlich gerne auf sie verzichten. Doch natürlich kann man Krisen nicht immer vermeiden. Sie sind ja auch manchmal sehr nützlich, um mit alten Kapiteln abzuschließen und etwas Neues in unser Leben treten zu lassen. Krisenphasen sind immer auch Reifephasen, in denen man mehr über sich, seine Gefühle, Bedürfnisse und seine inneren Verletzungen lernen kann. Vorausgesetzt, man kann die Krise bewältigen.

Bei einer Krise spitzt sich eine Situation bedrohlich zu, ein Wendepunkt in einer Entwicklung wird deutlich. In einer psychischen Krise helfen die üblichen Bewältigungsstrategien nicht mehr, so dass wichtige Entscheidungen oder Werthaltungen in Frage gestellt werden. Es wird eine »psychische Umstrukturierung« notwendig. Im besten Fall verhilft die Krise einer Person »zu mehr Wachstum, Reife und Selbstverwirklichung«[14].Eine Krise überwunden zu haben, stärkt den Menschen und stabilisiert ihn und sein Selbstbewusstsein nachhaltig. Insofern sind Krisen immer auch Chancen.

Manchmal ist man aber mit Krisen überfordert und benötigt Unterstützung, um sie konstruktiv bewältigen zu können. Wenn Sie das Gefühl haben, Ihr Sohn oder Ihre Tochter könnte ein bisschen professionelle Hilfe bei der Bewältigung der Krise gebrauchen, legen Sie ihm oder ihr eine Beratung oder Therapie ans Herz. Viele Menschen, die eine solche Hilfe in Anspruch genommen haben, haben in dieser Zeit sehr viel über sich und ihr Leben gelernt und möchten diese Erfahrungen und die dabei gewonnenen Erkenntnisse nicht mehr missen.

3. Machen Sie sich klar, dass Sie Krisenphasen Ihrer Kinder nicht verhindern können

Wir haben keine Macht darüber, ob es unserem erwachsenen Kind gut geht oder nicht. Es gestaltet sein Leben ab jetzt ja selbstständig und eigenverantwortlich. Das heißt keinesfalls, dass wir (vermutete oder tatsächlich vorhandene) Probleme ignorieren sollten. Wir können auch gelegentlich vorsichtig unsere Sorgen aussprechen: »Ich habe das Gefühl, dass du viel Alkohol trinkst, kann das sein?« – »Ich wundere mich darüber, dass du so oft in finanziellen Schwierigkeiten steckst. Wie kommt das?« Dennoch sollten wir uns nichts vormachen: Nur, weil wir uns so viel Mühe in der Erziehung gegeben haben, heißt das nicht, dass unser Kind ein problemfreies Leben führen wird. Es heißt aber im besten Falle sehr wohl, dass es wieder aufstehen kann, wenn es mal auf die Nase gefallen ist.

4. Haben Sie Geduld mit Schleifendrehern

Es gibt volljährige Kinder, die sehr »straight« und konsequent ihren Weg gehen. Die schon in der Schule wissen, was sie beruflich machen wollen, und direkt nach dem Abitur ein Studium beginnen und dieses straff und gut organisiert durchziehen. In der Regel finden wir das erstrebenswert, weil es nach gesundem Ehrgeiz und innerer Klarheit aussieht

Es gibt aber auch junge Menschen, denen es schwerer fällt, sich für eine Ausbildung zu entscheiden, die erst mal hier und dort jobben müssen, um ein Gespür dafür zu entwickeln, was ihnen dauerhaft Spaß machen könnte. Manche müssen mehrere Schleifen drehen, sie brauchen mehrere Anläufe, um den richtigen Studiengang zu finden, die richtige Freundin, den richtigen Ausbildungsplatz oder die richtige WG. Wer oft Pläne, Orte und Bezugspersonen wechselt, gerät schnell in den Ruf, unbeständig oder gar unzuverlässig zu sein. Doch seien Sie hier nachsichtig: Auch diese – für Beteiligte und Zuschauende oft extrem anstrengende – Orientierungsphase geht irgendwann vorbei. Sie ist manchmal auch für die psychische Entwicklung sehr wichtig. Wer allzu schnell und »geradeaus« ins Berufsleben rennt, hat später womöglich das Gefühl, etwas verpasst zu haben. Wer dagegen lange sucht und einiges ausprobiert, landet zwar später an seinem Ziel, aber dann auch häufig dort, wo er sich wirklich wohl fühlt.

5. Haben Sie Vertrauen in das Krisenmanagement Ihres Kindes

Hat Ihr Kind schon mal Rückschläge erlitten und überwunden? Dann wissen Sie doch, dass es Probleme und Krisen auch managen kann. Vertrauen Sie in seine Ressourcen. In Gesprächen könnten Sie Ihr Kind daran erinnern, dass es schon so manche Schwierigkeit gemeistert hat und ihm signalisieren, dass Sie Vertrauen haben. Das geht aber nicht mit dem allseits beliebten »Du schaffst das schon!«-Satz, der ja eher über die Bedenken hinwegfegt. Besser – da differenzierter – ist: »Ich verstehe, dass du da im Moment nicht weiterkommst. Ich bin aber sicher, dass du früher oder später einen passenden Weg finden wirst.«

6. Vermeiden Sie Schuldgefühle ebenso wie Schuldzuweisungen

Wenn Sie dazu neigen, das (vorübergehende) Unglück Ihres erwachsenen Kindes sich selbst und Ihrer Erziehungsarbeit zuzuschreiben, so gewöhnen Sie sich das am besten ganz schnell wieder ab. Zwar schadet es nicht, auch mal einen ehrlichen und selbstkritischen Blick in die Vergangenheit zu werfen und sich »Fehler« offen einzugestehen. Sich mit Schuldgefühlen zu beladen, ist allerdings sehr kontraproduktiv. Schuldgefühle stehen einer echten Problemlösung oft im Weg, sind also eher hinderlich denn hilfreich.

Ebenso kontraproduktiv sind in der Regel Schuldzuweisungen nach dem Motto: »Hättest du dir einen anderen Freund gesucht, dann hättest du diese Probleme jetzt nicht.« Oder gar: »Ich habe dir ja gleich gesagt, dass das Studium nicht zu dir passt. Du wolltest ja nicht hören.« Vorwürfe vergiften das Gesprächsklima und verhärten die Fronten. Lösen Sie sich am besten von der Schuldfrage komplett. Es geht um Verantwortung, nicht um Schuld. Blicken Sie lieber nach vorne und fragen sich: Wie kann ich mein Kind konstruktiv unterstützen, eine Lösung für das Problem oder den Konflikt zu finden?

7. Ungebetene Ratschläge? Bitte nur in Notfällen!

Es gibt etwas, das praktisch kein junger Mensch leiden kann: Wenn ihm die Älteren ungefragt gute Ratschläge erteilen. Auf vermeintliche (oder tatsächliche) Besserwisserei reagieren sie verständlicherweise oft allergisch. Schnell fühlen sie sich davon überfahren, bevormundet, manchmal regelrecht entmündigt.

Es gibt nur eine Situation, in der Sie Ratschläge oder gar Anweisungen geben *müssen*: Wenn sich Ihr Kind in einer so schlechten psychischen Verfassung befindet, dass es sich selber nicht mehr zu helfen weiß.

Dann müssen Sie durchaus zu so drastischen Maßnahmen greifen wie etwa gegen den Willen des Kindes hinzufahren, einen Freund um Hilfe zu bitten oder gar den Notarzt kommen zu lassen.

Ansonsten gilt es, Ratschläge und gut gemeinte Handlungsanweisungen möglichst zu unterlassen.

8. Fragen Sie Ihr Kind, was es braucht

Wenn Sie das Gefühl haben, hilflos vor dem Problem des Kindes zu stehen, und partout nicht wissen, was Sie nun noch sagen oder tun könnten, dann fragen Sie doch einfach nach: »Wie kann ich dir helfen? Was würde dir jetzt gut tun?« Möglichweise weiß Ihr Kind das gerade selbst nicht, oder es sagt: »Es reicht mir schon, dass du mir zuhörst.« Dann können und sollen Sie auch nicht mehr tun als zuzuhören.

Vielleicht hat Ihr Kind aber auch konkrete Ideen, zum Beispiel wünscht es Ihren Besuch oder einen Tipp. Natürlich sind Sie nicht verpflichtet, die Wünsche Ihres Kindes zu erfüllen, wenn Ihnen das unmöglich ist oder überzogen erscheint. Besonders mit großzügigen Geld-Gaben sollten Sie vorsichtig sein. Überlegen Sie hier sehr gründlich: Will ich wirklich finanziell einspringen? Ist die Notlage wirklich so ernst, möglicherweise unverschuldet entstanden, etwa weil das Bafög erst rückwirkend bezahlt wird oder die Berechnung des zusätzlichen Sozialgeldes sich hinzieht? Kann ich mir das auch leisten? Sie können auch hier freundlich Nein sagen, wenn Sie das für richtig halten.

9. Helfen Sie Ihrem Kind, das Problem klarer zu erkennen

Um jemanden zu helfen, ein Problem zu lösen, ist ein nützliches Werkzeug das konkrete Nachfragen. Es hilft sehr oft, verworrene Gedanken zu sortieren und Probleme zu präzisieren. Versuchen Sie also nachzuhaken, wenn Ihnen etwas nicht klar geworden ist. »Wie meinst du das genau?« oder »Was findest du jetzt am schlimmsten daran?« – »Was macht dir am meisten Sorgen?« – »Was würdest du jetzt am allerliebsten tun?« – »Was ist dir denn am wichtigsten?« usw. sind gute Möglichkeiten, um herauszufinden, wo genau der schlimmste Leidensdruck sitzt und wo die Lösungsansätze schlummern.

Fragen haben zusätzlich den Vorteil, dass der Betroffene sich über sich selbst mehr klar werden kann, ohne sich bevormundet fühlen zu müssen. Genau deshalb werden sie auch viel in Coachings und Beratungs-Settings benutzt.

10. Psychische Krisen: Braucht Ihr erwachsenes Kind zusätzliche Hilfe?
Sie kennen Ihr Kind gut und haben sicher ein gutes Gespür dafür, wie dringlich seine innere Not ist. Wenn Sie das Gefühl haben, dass es sich tatsächlich in einer außergewöhnlichen dramatischen Krise befindet, überlegen Sie, ob Sie es eine Weile wieder unter Ihre Fittiche nehmen können, ohne sich selbst zu überfordern. Oder überlegen Sie, wer sonst helfen könnte: eine Patentante oder ein Onkel? Scheuen Sie sich nicht, auf Beratungsstellen und Psychotherapeuten hinzuweisen. Machen Sie Ihrem Kind klar, dass es keine Schande ist, Hilfe von außen anzunehmen, sondern eher ein Zeichen von Verantwortungsbewusstsein.

»Ich bin immer für dich da!« – Kleine Warnung vor der »Immer-Floskel«

Ich kenne einige Mütter, die mir berichtet haben, sie seien »immer« für ihre erwachsenen Kinder da. Ich muss gestehen, dass mich diese Floskel etwas stutzig macht. Ich verstehe natürlich, was sie damit zum Ausdruck bringen wollen: Sie wollen ihren erwachsenen Kindern stets eine Stütze sein. Wir alle wollen Menschen, die wir lieben, das Gefühl geben, ihnen kontinuierlich zur Seite zu stehen und auch in schwierigen Zeiten ihre Ansprechpartner sein zu wollen. Ist es nicht also ein höchst ehrenhaftes Ansinnen, »immer« für jemanden da sein zu wollen? Natürlich ist es das. Trotzdem möchte ich Sie an dieser Stelle vor allzu vielen Versprechungen und zu hohen Ansprüchen an sich selbst warnen. Kann man wirklich »immer« für jemanden da sein? Wie soll das gehen? Ist das nicht eher eine idealisierende denn eine realistische Einstellung? Demonstriert man nicht damit eher, was für eine gute hingabevolle Mutter man ist bzw. sein möchte?

Bei aller aufrichtiger Liebe: »Immer« ist ein sehr umfassender, ein sozusagen totaler Begriff. Wer kann schon ernsthaft versprechen, immer zur Verfügung zu stehen? Dieser Anspruch an sich selbst ist nahezu unmenschlich hoch. Manchmal ist man beruflich stark eingespannt, liegt krank im Bett oder ist selber nicht gut drauf, kann also sein Versprechen, ansprechbar und hilfreich zu sein, gar nicht einhalten. Und mit manchen Themen und Problemen sind auch Eltern manchmal schlicht überfordert – auch wenn wir das nur ungern zugeben. Es ist manchmal schmerzhaft zu erkennen, dass wir nicht immer so präsent und hilfreich sein können, wie wir es vielleicht von uns erwarten. Dabei ist es doch menschlich und vollkommen normal.

Ist es daher nicht ehrlicher und aufrichtiger zu sagen: »Ich bin für dich da, soweit es eben geht?« – »Ich versuche, für dich da zu sein, wenn du mich brauchst«? Wir sind alle nur Menschen: wir sind in unseren Fähigkeiten, Energien und Kapazitäten begrenzt. Und auch wenn ein dreijähriges Kind sicher das Gefühl braucht, dass jemand »immer« für es da sein möge, so ist es einem 23-jähigen Menschen durchaus möglich zu erkennen, dass man ihm zwar wohlgesonnen begegnet und ihn unterstützt, so gut es eben geht, dass man aber trotzdem ein eigenes Leben führt, das womöglich auch nicht immer rund läuft. Einen mentalen Rund-um-die-Uhr-Service muss man erwachsenen Kindern nicht anbieten, um ihnen zu vermitteln, dass man sie liebt und schätzt.

In akuten Notfällen, Krisen- oder Krankheitsphasen ist das natürlich etwas anderes. Da kann es schon mal sehr hilfreich sein, zu sagen: »Du kannst mich jederzeit anrufen – auch nachts.« Aber wenn Sie das zur Dauereinrichtung machen, kann das unter Umständen irgendwann recht anstrengend werden.

Loslassen für Fortgeschrittene: die provokative Partnerwahl und andere (gefühlte) Affronts

Nicht immer entwickelt sich das erwachsene Kind so, wie wir es uns gewünscht hätten. Wir alle haben gewisse Erwartungen an die Entwicklung unseres Kindes. Manchmal werden sie uns erst bewusst, wenn sie ordentlich enttäuscht werden. Dann ist es unsere Aufgabe, mit dieser Enttäuschung umzugehen. Das kann schmerzlich sein, ist aber nötig. Spätestens wenn unsere Kinder volljährig sind, können wir sie nicht mehr nach unseren Vorstellungen formen oder ihnen unsere Ideen aufzwingen. Vielmehr geht es auch hier darum, von alten Vorstellungen abzulassen und Neues zuzulassen. Manchmal umzudenken und etwas dazuzulernen – das kann auch für ältere Eltern enorm bereichernd und beglückend sein, wenn man dazu offen und bereit ist.

Wohin geht die Reise? Problemfeld Berufswahl

Manchmal sind Eltern schlicht und einfach enttäuscht von der Wahl des angestrebten Berufes – auch wenn sie es vielleicht nicht offen zugeben. Entweder sie halten den anvisierten Job für brotlose Kunst oder finden ihn schlicht unpassend. Dann gilt es, sich genauer über den Beruf zu informieren und zu versuchen zu verstehen, was genau Ihr Kind daran so reizt. Zeigen Sie sich offen. Je mehr Contra Sie geben, desto mehr wird Ihr Sohn oder Ihre Tochter versuchen, den eigenen Willen durchzusetzen – schon aus Trotz.

Manchmal sind Eltern auch frustriert, weil das Kind nicht studiert oder sein Ausbildungsziel schlicht unter ihrem Niveau zu liegen scheint. Wenn Mama und Papa Akademiker sind, fällt es ihnen vielleicht schwer zu akzeptieren, dass der Filius lieber eine Lehre macht oder die Tochter Einzelhandelskauffrau werden will. Doch warum eigentlich? Ein ordentlicher Handwerksberuf bzw. ein guter Ausbildungsberuf verdient doch auch Anerkennung! Und die Karrierechancen sind hier oft sogar ziemlich gut.

Es sind auch hier unsere Erwartungen, die uns einen Streich spielen. Wer insgeheim davon ausgeht, dass das Kind das Abitur machen und anschließend studieren wird, fühlt sich gekränkt, wenn es das nicht schafft oder gar nicht will.

Auch umgekehrt kann es sein, dass sich Eltern, die nicht studiert haben, sich schwer tun damit, wenn ihre Kinder einen akademischen Weg einschlagen wollen. Sie haben dann eventuell Sorge, dass sie ihnen mental und intellektuell entwachsen und fremd werden. »Du willst wohl was Besseres werden«, lautet dann der ausgesprochene oder unausgesprochene Vorwurf. Auch diese Eltern müssen von der Vorstellung, das Kind werde in ihre Fußstapfen treten, loslassen. Am besten gelingt das, wenn man sich die Enttäuschung eingesteht: »Eigentlich hätte ich mir gewünscht, dass X Architektur studiert. Ich bin ein bisschen traurig darüber, dass er das nicht machen möchte. Nun muss ich mich an den Gedanken gewöhnten, dass er eine Tischlerlehre macht.« Oder umgekehrt: »Na gut, unsere Tochter will unbedingt studieren. Mir ist zwar unbehaglich dabei, aber ich werde versuchen, es mit zu tragen.« In der Regel ist das der heilsamste Weg: der Weg der Versöhnung.

Sehr hilfreich ist auch zu schauen, wie es unserem Kind mit seiner Entscheidung geht. Sehen wir, dass das genau das Richtige für ihn oder sie ist, erfüllt uns das dann trotz anfänglicher Skepsis bald mit großer Freude. Und falls ihm die Ausbildung, die es unbedingt machen wollte, doch keinen Spaß macht: Könnte es sein, dass Ihr erwachsenes Kind aus Trotz bewusst nicht studiert, weil Sie es sich insgeheim so stark wünschen? Wollte es dem subtilen Leistungsdruck entfliehen, dem es sich ausgesetzt fühlte? Wollte es Ihnen beweisen, dass es nicht alle Ihre Erwartungen zu erfüllen hat? Auch und besonders dann wäre ein Loslassen Ihrer Wünsche und Vorstellungen hilfreich, damit Sie Ihr Kind aus dem (unausgesprochenen) Erwartungsdruck entlassen. Erst dann wird der junge Mensch sich in der Lage sehen, wirklich ganz frei entscheiden zu können.

Manchmal ist es für Eltern auch nicht leicht zuzuschauen, wenn sich Sohn oder Tochter schwer tun, das »Richtige« zu finden. Wenn der Sohn zum zweiten Mal eine Lehre abbricht oder die Tochter das Studium schmeißt, so ist das für Eltern oft ein schwerer Schlag. Dabei können wir ja unsere Kinder nicht mehr zwingen, weiterzumachen oder durchzuhalten. Das einzige, was wir als Eltern tun können, ist, weiterhin bei der Berufswahl zu unterstützen und zu überlegen, ob wir gewillt und in der Lage sind, einen neuen Studiengang zu finanzieren. Wenn es um das Geld und den Unterhalt geht, sind Sie gefragt, klare Grenzen zu setzen und akzeptable Forderungen zu stellen. Es kann nicht sein, dass sich das erwachsene Kind auf der Grundlage Ihres Geldbeutels jahrelang in unterschiedlichen Bereichen »ausprobiert«, ohne dass daraus ein Abschluss resultieren würde. Hier sollten Sie klare Weichen stellen, etwa: »Ich zahle 6/8/10 Semester lang für dich Unterhalt und Studiengebühren; alles, was darüber hinausgeht, musst du selber finanzieren.« Natürlich gibt es Unwägbarkeiten oder Notsituationen wie etwa Krankheiten oder andere Krisen. Dann kann man immer noch mal schauen, ob diese Vorgabe eventuell modifiziert werden muss.

Tipp: Was will ich eigentlich? Coaching für den irritierten Berufe-Sucher

Wenn Ihr erwachsenes Kind Enttäuschungen wegstecken muss, weil es den bevorzugten Ausbildungs- oder Studienplatz nicht bekommen hat, kann das zur Belastung werden. Wir Eltern leiden dann mit. Auch wenn wir unserem enttäuschten Kind dann wieder Mut zusprechen: Es bleibt letztlich seine Aufgabe, diesen Frust zu verarbeiten und sich nicht dauerhaft entmutigen zu lassen. Das ist manchmal schwierig, und manchmal leidet auch das Selbstwertgefühl des jungen Menschen darunter. Wer oft abgelehnt wird, fühlt sich dann langsam auch als Person entwertet. Wenn Sie das Gefühl haben, dass es Ihrem großen Kind so geht, dann raten Sie ihm zu einem qualifizierten Berufs-Coaching. Hier legt man den Schwerpunkt darauf, sich auf die Fähigkeiten und Wünsche zu besinnen und auf die Zukunft zu konzentrieren, statt an Altem festzuhalten. Ein solches Coaching kostet zwar etwas, aber das kann durchaus eine lohnende Geld-Anlage sein. In der Regel kommt man aus guten Coaching-Sitzungen mit neuem Schwung und Elan heraus und weiß recht genau, wie der nächste Schritt aussehen könnte.

Vorsicht, Sprengstoff! Konfliktherd Partnerwahl

Ein weiteres Thema, das jede Menge Sprengstoff birgt, ist die Partnerwahl des erwachsenen Kindes. Manche Eltern sind irritiert, weil sich der Sohn partout nicht festlegen will, sondern sich von einer Affäre in die nächste stürzt. Andere wiederum machen sich Sorgen, weil die Tochter schon so früh auf einen Partner fixiert ist und sich noch gar nicht wirklich »ausprobiert« hat. Oder umgekehrt.

Eine echte Herausforderung sind Lebenspartner des erwachsenen Kindes, die unseren Vorstellungen so gar nicht entsprechen. Ob gesichtsgepierct, ganzkörpertätowiert, überdimensional aufgestylt oder mit ausgelatschten Chucks, Dreadlocks und Kiffer-Blick, ob biederer Bänker-Typ oder luschiger Dauer-Student – es gibt viele Möglichkeiten, mithilfe der Partnerwahl seine Eltern zu provozieren: Je nachdem, welchen Lebensstil wir selber gewählt haben, wird das eine uns mehr ärgern als das andere.

Mittlerweile sind wir alle etwas lockerer und liberaler geworden, dennoch gibt es für jeden von uns Grenzen des Erträglichen. Dann beschäftigen uns plötzlich so lästige Fragen wie: Warum schleppt er/sie denn so jemanden an? Was denken die Nachbarn, wenn hier eine solche Gestalt ein- und ausgeht? Darf sich der Freund meiner Tochter jederzeit ungefragt auf meinem Sofa fleezen oder sich am Kühlschrank bedienen? Wie tolerant und »locker« muss ich sein? Habe ich ein Recht aufs Nein-Sagen, ohne gleich als Spießerin zu gelten? Wie sag ich's meinem Sohn, wenn ich seine Freundin nicht mag?

Manchmal kommt man um diese Fragen nicht herum. Doch was soll es bedeuten, wenn unser junger Erwachsener einen Partner ins Haus schleppt, der eher ein Schwiegermutter-Albtraum denn ein Schwiegermutter-Traum ist? Im besten Falle heißt es, dass Ihr Kind auf Ihre Meinung bei der Partnerwahl einfach nicht allzu viel Wert legt. Das wäre ein gutes Zeichen, würde es doch seine relative Unabhängigkeit beweisen. Es gibt bei uns glücklicherweise kein Gesetz, das vorschreibt, dass Eltern den Partner des Kindes auf eine bestimmte Weise zu mögen hätten. Umgekehrt gilt natürlich dasselbe. Es könnte aber auch sein, dass die provokative Partnerwahl eine Verlängerung der Pubertät ist, so ganz nach dem

Motto: »Mal testen, wie weit ich gehen kann.« Das wäre das untrügliche Zeichen einer gewissen Unreife.

Im kompliziertesten Fall kann die provokative Partnerwahl ein Zeichen dafür sein, dass Ihr Kind über den Umweg einer dritten Person einen unbewussten Konflikt mit Ihnen austrägt. Ein Beispiel: Ein junger Mann bringt erstmals seine neue Freundin mit nach Hause. Während er selbst eher schüchtern ist und Probleme hat, Konflikte offen auszutragen, hat sie eine sehr direkte Art, nimmt kein Blatt vor den Mund und ist manchmal recht streitbar. So auch bei dem ersten Besuch bei den Eltern: Keine halbe Stunde, nachdem beide dort eingetroffen sind, gerät sie mit der Mutter ihres Freundes aneinander, die ihr Verhaltensvorschriften machen will und sie nicht ernst zu nehmen scheint. Es kracht ordentlich, und das junge Paar verlässt nach kurzer Zeit in schöner Eintracht das Elternhaus. Der junge Mann ist sichtlich stolz auf seine Freundin und liebt sie nach diesem »Auftritt« nur noch mehr.

Was war geschehen? Es ist offensichtlich, dass die junge Frau einen Konflikt mit den Eltern des Freundes ausgefochten hat, wozu dieser selbst nicht in der Lage ist, da er den Eltern gegenüber zu sehr emotional verpflichtet ist und sich fürchtet, ihnen die Meinung zu sagen. Eine so kampfeslustige Frau ist für ihn dann die einzige Möglichkeit, den Konflikt zum Ausbruch kommen zu lassen. Stellvertretend für ihn spricht sie ihren Unmut aus. Damit ist der Konflikt in gewisser Weise präsent, und zwar ohne dass dies aktiv die Beziehung zwischen Eltern und Sohn gefährdet – schließlich ist es ein Streit zwischen *der Freundin* und den Eltern und nicht zwischen *ihm* und den Eltern. Er ist seiner Freundin so dankbar dafür, dass sie einen Stellvertreterkrieg für ihn führt, dass er sich gleich nochmals in sie verliebt. Natürlich ist es nicht möglich, auf diese Weise einen Eltern-«Kind«-Konflikt dauerhaft zu lösen, dem Sohn aber kann es zumindest vorübergehend Erleichterung und Genugtuung verschaffen.

Tipp: Zoff mit dem Partner des Kindes? So entschärfen Sie die Situation

Wenn Sie das Gefühl haben, dass Sie mit dem Partner/der Partnerin Ihres Kindes häufig aneinander geraten oder aneinander geraten könnten, so könnten Ihnen folgende Tipps helfen, die Situation zu entschärfen:

1. Vermeiden Sie Schuldzuweisungen

Geben Sie nicht der Partnerin/dem Partner Ihres Kindes die alleinige Schuld: Zum Streiten gehören immer zwei. Sagen Sie nicht: »Die ist halt stur/blöd/unsympathisch«, sondern: »Wir verstehen uns nicht so gut.« Oder: »Wir sind uns fremd.« Oder besser noch: Übernehmen Sie die volle Verantwortung für Ihre Empfindungen, indem Sie sagen: »Ich komme mit ihm/ihr einfach nicht zurecht.« Das entlastet insbesondere Ihr Kind, das sich dann nicht schuldig fühlen muss, eine so »ungebührliche« Partnerwahl getroffen zu haben.

2. Fragen Sie sich: Was habe ich damit zu tun?

Wie kommt es, dass Sie mit der Partnerin bzw. dem Partner so häufig anecken oder dass Sie einfach keinen Draht zueinander finden? Fragen Sie sich, was Sie womöglich dazu beitragen und wie Sie es verändern könnten. Haben Sie das Gefühl, er/sie tut Ihrem Kind nicht gut? Wie kommen Sie darauf? Ist das eine Befürchtung oder eine Tatsache? Empfindet Ihr Sohn, Ihre Tochter das auch so?

Sind Sie vielleicht insgeheim eifersüchtig, weil der Partner Ihrem Kind nun näher steht als Sie? Oder wollen Sie sich im Grunde gar nicht mit dieser Person arrangieren, sondern fänden es besser, wenn sie wieder aus dem Leben Ihres Kindes verschwände?

Seien Sie ehrlich mit sich, nur dann lernen Sie zu verstehen, was sich für innerliche Konflikte bei Ihnen abspielen.

3. Üben Sie sich in Respekt

Auch wenn es Ihnen anfangs noch so schwer fällt: Arbeiten Sie hartnäckig an einer annehmenden Haltung. Wie kann es mir gelingen, diese Person zu mögen bzw. wenigstens zu respektieren? Versuchen Sie unbedingt, sich Ihre Erwartungen klar zu machen: Hätte ich mir einen gebildeteren/wohlhabenderen/attraktiveren Partner für mein Kind gewünscht? Welche Erwartung enttäuscht er/sie? Und warum ist es für mich so schwer, diese Erwartung enttäuscht zu sehen?

4. Versuchen Sie die Wahl Ihres Kindes zu verstehen

Manchmal erschließt sich uns beim besten Willen nicht, was unserem Kind an diesem Menschen so gefällt. Dann fragen Sie es! Sie werden Erstaunliches hören. Zum Beispiel über einen supercool wirkenden 2-Meter-Mann, der ungeheuer liebevoll und fürsorglich sein kann. Oder über eine zarte junge Frau, die so stark und verantwortungsbewusst ist. Über die Zuneigung unseres Kindes zu dem jeweiligen Partner kann es möglich werden, dass auch wir zu ein wenig Zuneigung finden.

Und wenn das trotz allem nicht klappt: Akzeptieren Sie einfach, dass Ihr Sohn/Ihre Tochter jemanden an seiner/ihrer Seite hat, den Sie nicht in Ihr Herz schließen können. Es ist trotzdem die Wahl Ihres Kindes, die Sie zu respektieren haben. Auch dann, wenn Sie sie nicht nachvollziehen können.

5. Überlegen Sie: Gibt es unausgesprochene Konflikte zwischen Ihrem Kind und Ihnen?

Überlegen Sie, ob die Konflikte und Unstimmigkeiten zwischen Ihnen und dem Partner des Kindes eventuell Stellvertreter-Streitereien seien könnten. Vielleicht gibt es auch in Ihrer Beziehung zu Ihrem Sohn oder Ihrer Tochter ungelöste Konflikte? Dazu sollten Sie die Themen prüfen, bei denen Sie sich mit dem Partner Ihres Kindes in die Haare bekommen. Fühlt sich jemand von Ihnen bevormundet, nicht ernst genommen oder nicht akzeptiert? Betrifft das »nur« den Partner oder vielleicht auch (in Teilen) Ihr Kind?

6. Prüfen Sie Ihre Haltung und Ihr Verhalten

Sind Sie wirklich offen für den neuen Menschen an der Seite Ihres Kindes? Haben Sie Lust, ihn kennenzulernen oder kommt Ihnen das eher wie eine lästige Pflichtübung vor?

Keiner zwingt Sie, den Partner Ihres Kindes kennenzulernen, obwohl das für Töchter und Söhne manchmal sehr wichtig ist. Wenn Sie eigentlich kein wirkliches Interesse haben, dann wird das der Freund/die Freundin des Kindes natürlich spüren. Wundern Sie sich dann bitte nicht darüber, dass auch die jungen Leute den Kontakt sehr sparsam gestalten.

7. Vermeiden Sie, mit dem Partner Ihres Kindes in Konkurrenz zu treten

Überlegen Sie auch, ob Sie vielleicht unbewusst in Konkurrenz zu dem Partner der Tochter oder der Freundin des Sohnes treten. Dies ist häufig dann der Fall, wenn man noch nicht richtig akzeptiert hat, nicht mehr die erste Geige zu spielen, und die Mutterrolle noch nicht loslassen konnte.

In diesem Fall müssen Sie sich klar machen, dass Sie in die zweite Reihe treten sollten. Wenn sich das erwachsene Kind einem Partner intensiver zuwendet als den eigenen Eltern, liegt dies in der Natur der Dinge und ist richtig und gut so. Lassen Sie es zu. Lassen Sie auch den Schmerz darüber zu, der möglicherweise in Ihrem Herzen steckt.

8. Vermeiden Sie, den Partner des Kindes abzuwerten

Lassen Sie sich nicht dazu hinreißen, in Gegenwart Ihres Kindes schlecht über dessen Partner bzw. Partnerin zu sprechen. Das kann sehr verletzend für Ihr Kind sein und auch ein sehr verständlicher Grund dafür, sich mehr und mehr von Ihnen zurückzuziehen.

9. Halten Sie sich möglichst zurück, wenn es um Beziehungsprobleme geht

Besonders bei Beziehungsproblemen sind viele Eltern geneigt, sehr ungeprüft parteiisch zu agieren. Das ist einerseits verständlich und natürlich, denn wir halten ja zu unseren Kindern. Ihr Wohl liegt uns einfach besonders stark am Herzen. Dennoch sollten Sie vorsichtig sein, dem Partner des Kindes die alleinige Schuld für die Beziehungsschwierigkeiten in die Schuhe zu schieben. Sie kennen ja die Version und Sicht des Partners/der Partnerin gar nicht! Versuchen Sie, zwar stärkend, aber nicht wertend zu sein. Der Satz »Das war sicher sehr kränkend für dich« beinhaltet eine ganz andere Aussage als »Der blöde Kerl, was bildet der sich eigentlich ein?«

10. Intervenieren Sie in Notfällen

Wenn Sie das berechtigte Gefühl haben, dass der Partner Ihres Kindes es wiederholt physisch oder psychisch quält und Ihr Kind diesem Geschehen ohnmächtig ausgesetzt zu sein scheint, dann sollten Sie unbedingt intervenieren. In solchen Notfällen kann es angemessen sein, sich tatsächlich oder symbolisch »dazwischenzustellen«, gegebenenfalls mit anderen Menschen gemeinsam Präsenz zu zeigen und dezidiert seine Meinung kundzutun.

Sie lösen zwar das Problem damit nicht, signalisieren aber, dass Sie nicht bereit sind, der angetanen Gewalt einfach nur tatenlos zuzusehen. Das stärkt Ihr Kind und grenzt die Macht des Partners ein.

Sollte umgekehrt Ihr Kind gewalttätig sein, gilt übrigens genau dasselbe!

Andere Probleme: Was tun, wenn …

… sich die Geschwister streiten oder nicht mögen?

Es mag für Eltern eine schwierige Situation sein, wenn sich ihre Kinder untereinander ständig streiten oder sich offensichtlich nicht leiden können. Familienfeiern werden zu Eiertänzen, und oft versuchen Mütter permanent zu vermitteln und zu harmonisieren. Meistens verschärft das die Konflikte eher, als dass es zur positiven Veränderung der Situation beiträgt. Wenn Ihre Kinder also nicht besonders gut aufeinander zu sprechen sind, können Sie

- die 100 %-ige Schuld dafür auf sich nehmen, weil Sie es als Mutter aus irgendeinem Grund nicht geschafft haben, dass die beiden (oder drei oder vier …) Geschwister sich so richtig doll lieb haben,
- ein chronisch schlechtes Gewissen haben, weil Sie einen von ihnen immer bevorzugt haben und eigentlich ja genau wissen, warum der eine immer so neidisch auf den oder die anderen ist,
- ständig auf die Geschwister beschwichtigend einreden und versuchen, bei dem einen um Verständnis für den anderen zu werben und umgekehrt,
- einfach still darunter leiden und sich permanent schlecht damit fühlen.

Ich halte keine dieser Möglichkeiten für angemessen oder hilfreich. Bedenken Sie bitte: Geschwister sind oftmals von ihrer Persönlichkeit und Mentalität her sehr unterschiedlich. Sie suchen sich nicht gegenseitig aus und stehen von jeher in einer gewissen Konkurrenz zueinander. Kurzum: Sie müssen sich nicht mögen – auch wenn das für uns auf Harmonie bedachte Mütter natürlich schön wäre. Dennoch: Überlassen Sie es den Geschwistern, ob sie miteinander Kontakt haben wollen oder nicht. Wenn es irgendwie geht, halten Sie sich aus sämtlichen Zwistigkeiten heraus und ergreifen Sie keine Partei. Sagen Sie deutlich: »Wenn ihr Schwierigkeiten miteinander habt, dann ist das eure Angelegenheit, da mische ich mich nicht ein. Ihr seid schließlich erwachsen.«

Wenn Sie den Konflikt zwischen Ihren Kindern verstehen wollen oder die dadurch entstehende Familienatmosphäre sie wirklich quält, dann könnte ein systemischer Blick in die Familiengeschichte mit einem Profi sehr hilfreich sein. Hier wird nicht nach Schuld gesucht, denn um Schuld geht es gar nicht, sondern darum, Zusammenhänge zu finden, die dazu führen, dass die Kinder sich aus bestimmten Gründen nicht verstehen. Manchmal ist das sehr erhellend und oft auch erleichternd.

... wenn sich das junge Paar trennt?

Es kann für Eltern schmerzlich sein, wenn sich der Sohn von seiner Freundin oder die Tochter von ihrem langjährigen sympathischen Freund trennt. Vielleicht haben wir die jeweiligen Partner schon so richtig in unser Herz geschlossen und heimlich auf Heirat und Enkelkinder gehofft. Da kann es dann schon mal sein, dass diese Trennung, die uns ja eigentlich nur mittelbar betrifft, uns emotional recht heftig aus den Schuhen haut. Da hilft nur eins: den Verlust zu betrauern. Es nutzt nichts, Tochter oder Sohn zu bearbeiten, es doch noch mal zu versuchen, den Schritt rückgängig zu machen, nur weil Sie sich das so sehr wünschen. Es ist das Leben Ihres Kindes und Sie haben seine Entscheidung zu respektieren. So einfach ist das. Und so schmerzlich.

Wenn Ihr Kind hingegen der »verlassene Part« ist, trösten Sie es, aber hacken Sie nicht auf dem Ex-Partner herum. Letztlich wissen wir nie so genau, warum die Beziehung wirklich gescheitert ist und welchen Anteil auch unser Sohn oder unsere Tochter daran hatte. Auch wenn wir dazu neigen, unsere Kinder ein bisschen zu idealisieren: Auch sie haben schließlich ihre Ecken und Kanten, an denen sich insbesondere die Partner abarbeiten müssen.

Stehen Sie zu Ihren Gefühlen und durchleben Sie diese. Ob nun Wut oder Trauer: Sie dürfen sich von der Trennung des jungen Paares berühren lassen. Versuchen Sie aber auch, Ihre Gefühle sehr bewusst von denen Ihres Kindes abzugrenzen. Möglicherweise ist Ihr Sohn oder Ihre Tochter einfach nur erleichtert. Sie dürfen trotzdem traurig sein. Erwarten Sie aber nicht, dass sich Ihr Kind genauso zu fühlen hätte wie Sie. Und vor allem: Machen Sie Ihrem Kind weder Vorwürfe noch ein schlechtes Gewissen.

... wenn Ihr Kind Sie hemmungslos überflügelt?

Ihr Kind ist selbstbewusst und erfolgreich? Es kann sich gut durchsetzen, hat viele Freunde und weiß genau, was es will? Es hat einen gut dotierten Job oder jettet fröhlich in der Weltgeschichte herum? Herzlichen Glückwunsch, Sie haben allen Grund, sich zu freuen! Wir gönnen unseren

Kindern das Beste und sind stolz und froh, wenn sie ein wirklich gutes und erfüllendes Leben leben.

Doch manchmal mischt sich in den elterlichen Stolz auch eine kleine Traurigkeit: Darüber, dass man selbst solche Chancen vielleicht nie bekommen hat. Dass die eigenen Eltern uns vielleicht nicht so gefördert haben wie wir das mit unseren Kindern getan haben. Wäre mein Leben vielleicht ganz anders verlaufen, wenn ich so selbstbewusst gewesen wäre wie mein Sohn/meine Tochter jetzt ist? Wäre ich glücklicher geworden, wenn ich auch ins Ausland hätte gehen können? Und was wäre passiert, wenn ich doch das Instrument hätte lernen dürfen, was mir damals nicht erlaubt wurde? Wenn ich mich getraut hätte, mir meinen eigentlichen Berufswunsch zu erfüllen?

Es ist gar nicht so ungewöhnlich, dass der Erfolg und die Zufriedenheit des eigenen Kindes Trauer bei seinen Eltern auslöst – Trauer über eigene ungenutzte Chancen, brachliegende Potenziale und mangelnde Möglichkeiten. Das hat nichts mit Neid oder gar Missgunst zu tun, sondern ist eine Auseinandersetzung mit der eigenen Entwicklung und Vergangenheit, die durch das erwachsene Kind ausgelöst wird. Über »verpasste Chancen« in seinem Leben zu trauern, ist ein gesunder Prozess.

Nehmen Sie aber auch irgendwann bewusst Abschied davon und schmeißen Sie den alten Kram dann irgendwann über Bord. Machen Sie sich einfach klar, warum dieses oder jenes damals einfach nicht möglich war:

- Vielleicht hatten strikte innere Verbote Sie davon abgehalten, eine bestimmte Beziehung einzugehen.
- Vielleicht hatten Sie einfach nicht den Mut, eine bestimmte Ausbildung gegen den Willen Ihrer Eltern zu beginnen.
- Vielleicht fehlte Ihnen jemand, der Sie in Ihren Entscheidungsprozessen adäquat unterstützt hätte.
- Vielleicht hatten Sie immer das Gefühl, den Ansprüchen anderer genügen oder etwas beweisen zu müssen.
- Vielleicht hatte einfach das Schicksal seinen Anteil gehabt: eine ungeplante Schwangerschaft, eine Krankheit oder der Tod eines nahen Angehörigen.
- …

Wenn Sie verstanden und akzeptiert haben, warum Sie sich an bestimmten Wendepunkten Ihres Lebens möglicherweise gegen Ihre eigenen Interessen entschieden habe, fällt Ihnen das Loslassen sicher leichter.

Überlegen Sie stattdessen:

- Was kann ich jetzt tun, um meinen Träumen näherzukommen?
- Will ich jetzt noch mal ein Instrument lernen oder einen Fernkurs belegen?
- Möchte ich eine Reise in das Land machen, in das ich schon immer einmal gerne fahren wollte?

Wenn wir im tiefsten Inneren mit unser eigenen Lebensleistung und unseren Entscheidungen Frieden geschlossen haben, fällt es uns viel leichter, unseren Kindern und allen anderen Menschen ihren Erfolg auch von Herzen zu gönnen.

... wenn Ihr Kind einen Partner mit einem anderen religiösen Hintergrund hat?
Vor besonderen Problemen sehen sich manchmal Eltern, deren Kinder sich einen Partner aus einem fremden Kulturkreis und/oder einer anderen Religion gewählt haben. Eltern von Töchtern, die sich mit türkischen oder afghanischen Männern liieren, fürchten, dass sie als Ehefrauen später unterdrückt werden oder zum Übertritt zum Isam gezwungen werden könnten. Das ist zwar theoretisch möglich, aber natürlich längst nicht zwangsläufig der Fall. Prüfen Sie hier sehr genau, wie groß die Risiken diesbezüglich wirklich sind. Lassen Sie sich nicht hinreißen, sich und Ihrem Kind Horrorszenarien auszumalen, sondern sprechen Sie Ihre Sorgen ruhig und offen an. Versuchen Sie auch, im Kontakt zum Partner Ihres Kindes möglichst offen und unbefangen zu sein. Im Zweifelsfall suchen Sie sich Hilfe bei einer Beratungsstelle für binationale Familien.

... wenn Ihr Kind homosexuell ist?
Auch das Thema Homosexualität ihrer Kinder ist für Eltern immer wieder eine Herausforderung. Selbst wenn wir in einer liberalen Gesellschaft leben, ist es doch für viele Eltern zunächst ein kleiner Schock zu erfahren, dass die Tochter lesbisch oder der Sohn schwul ist. Während Mütter sich hier verständnisvoller und offener zeigen, ist es besonders für Väter manchmal schwierig zu akzeptieren, wenn der Sohn Männer liebt. Das liegt daran, dass dies das Männerbild des Vaters durcheinanderwirbelt und vielleicht unangenehme oder sogar bedrohliche Gefühle geweckt werden. Hier sind Eltern dazu aufgerufen, ihre gängigen Vorstellungen in Frage zu stellen und die Lebensweise des Kindes zu akzeptieren.

Offenheit im Umgang mit den eigenen Gefühlen ist auch hier kein schlechtes Mittel: »Ich bin gerade etwas davon überrumpelt und muss mich damit noch auseinandersetzen, aber wenn das für dich der richtige Weg ist, werde ich das akzeptieren.«

Besonders junge Menschen, die selbst von ihrer Entdeckung, homosexuell zu sein, noch irritiert sind, brauchen oft die »Erlaubnis« der Eltern. Es tut gut zu hören, dass man so geliebt und angenommen wird, wie man ist – auch und gerade dann, wenn man einen etwas ungewöhnlicheren Lebensstil pflegt.

… wenn die Kinder uns fremd werden, weil sie sich in Sekten oder radikalen Parteien beheimatet fühlen?

Vor besonderen Herausforderungen stehen Eltern, deren volljährige Kinder einen extremen Weg einschlagen – sich etwa einer Sekte anschließen, einer radikalen Partei beitreten oder auf der Straße leben. Sie stehen vor der maximalen Schwierigkeit, einerseits ihr Kind immer noch zu lieben und es gleichzeitig komplett aus der eigenen Erwartungshaltung entlassen zu müssen. Manchmal kommt es dann auch nahezu zwangsläufig zum Bruch. So etwa bei einer Familie, deren Sohn sich der rechtsradikalen Szene anschloss: Die Eltern empfanden dies als mit ihren eigenen ethisch-moralischen Vorstellungen so unvereinbar, dass sie den Kontakt zu ihm abbrachen – allerdings erst nachdem sie lange versucht hatten, mit ihm ins Gespräch zu kommen und ihm ins Gewissen zu reden. Eine solch konsequente Abgrenzung ist dann durchaus verständlich, wenn sicherlich auch äußerst schmerzlich.

Manchmal sind Brüche nicht zu vermeiden. Prüfen Sie aber vorher alle Möglichkeiten, die Sie haben, um Verständnis zu entwickeln und miteinander in Kontakt zu treten. Sie müssen aber nicht den Rest Ihres Lebens darauf warten, dass Ihr Kind doch noch die »Kurve« kriegt. Leben Sie Ihr Leben weiter, denn Sie haben ja nur eines. Das ist zwar schwierig, aber manchmal der einzig gangbare Weg.

Tipp: Familienberatung ohne »Problembär«

Wenn Sie sehen, dass es Ihrem erwachsenen Kind dauerhaft schlecht geht, dass es sein Leben nicht auf die Reihe bekommen, Drogen nimmt, zu viel Alkohol trinkt oder sonst wie »abzurutschen« droht, oder wenn Sie mit dem Lebensstil Ihres Kindes partout nicht klar kommen, suchen Sie eine Familientherapeutin oder eine Erziehungsberatungsstelle auf. Hier finden Sie auf jeden Fall Entlastung und Hilfe.

Gut wäre natürlich, wenn das »Kind« mitkäme – es geht aber auch ohne. Dem abwesenden Familienmitglied kann trotzdem geholfen werden. Ein Beispiel: Besorgte Eltern kamen zur Beratung, weil ihre volljährige Tochter Drogen nahm und irgendwie keinen Tritt im Leben fand. Sie schmiss alle Ausbildungen und fühlte sich nutzlos. Und obwohl diese Tochter an keiner einzigen der zahlreichen Beratungssitzungen teilnahm, veränderte sie nach einer Weile ihren Lebensstil komplett, kam von den Drogen frei und begann eine Lehre.

Das ist kein esoterischer Hokuspokus, sondern lag schlicht daran, dass die Eltern verstehen lernten, warum es der Tochter so schlecht ging, und sie so nun auch anders mit ihr umgehen konnten. Das wiederum ermöglichte der Tochter, einen anderen Weg, nämlich den Weg ihrer Heilung, einzuschlagen. Natürlich gibt es keine Erfolgsgarantie. Ein Versuch lohnt sich aber.

Vorwürfe und Schuldgefühle: Häufige Eltern-»Kind«-Konflikte und wie man sie löst

Sprechen Mütter schon nicht besonders gerne über die Schwierigkeiten des erwachsenen Kindes, so wird es noch heikler, wenn es um Probleme *mit* den Kindern geht, also wenn die Eltern selbst Konflikte oder Auseinandersetzungen mit ihren erwachsenen Kindern haben, das Verhältnis zu ihnen schwierig oder getrübt ist. Dass es das recht häufig gibt, ist natürlich nicht neu und auch im Grunde nichts Besonderes. Es ist aber dennoch ein unbeliebtes Thema, über das nicht viel geredet wird. Auch hier fürchten Mütter oft den beschuldigenden Zeigefinger. Sie leiden schon genug darunter, dass die Beziehung mit der Tochter oder dem Sohn so problematisch ist, und können dann verständlicherweise auf zusätzliche (befürchtete) Anschuldigungen gerne verzichten.

Es gibt zwei interessante Phänomene, auf die man trifft, wenn man sich mit Müttern über Schwierigkeiten mit ihren erwachsenen Kindern unterhält: Entweder sie nehmen die ganze Schuld auf sich, nach dem Motto: »Ich war eben eine schlechte Mutter und jetzt ist sie zurecht sauer auf mich.« Oder aber sie machen genau das Gegenteil und weisen jeden Anteil an dem Problem weit von sich: »Was kann ich denn dafür, dass er sich so eine unmögliche Frau sucht, die einfach nur eine Zumutung ist?« Beides sind extreme Pauschalhaltungen, die bei der Klärung eines Konfliktes eher hinderlich denn hilfreich sind. Denn sie bewirken nur eines: sich nicht wirklich ernsthaft mit dem Konfliktthema auseinandersetzen zu müssen. Hier eine differenziertere und damit realistischere Haltung zu finden, wäre für alle Beteiligten hilfreich.

»Mama, kannst du mal eben ...?« Wenn das Kind zu abhängig ist

Wenn das erwachsene Kind klammert, ständig anruft und dauernd um Hilfe bittet, bei Ihnen Geld schnorrt oder andere Forderungen an Sie stellt, ist es offensichtlich noch übermäßig eng an Sie gebunden. Durchbrechen Sie den Teufelskreis! Wer glaubt, seinen erwachsenen Kindern alle Wünsche erfüllen und jeder ihrer Forderungen nachkommen zu müssen, handelt aus falsch verstandener Elternliebe. Denn die angemessene Elternliebe besteht ab einem bestimmten Kindesalter darin, das Kind aus der Abhängigkeit freizugeben.

Vielleicht fühlen Sie sich selbst schuld daran, dass Ihr Kind noch nicht selbstständig genug ist, und fürchten sich deshalb, ihm gelegentlich ein klares Nein zu entgegen. »Wenn ich ihn/sie nicht richtig erzogen habe, kann ich ihn/sie dafür doch jetzt nicht bestrafen und hängen lassen!« Mit dieser Haltung fördern Sie natürlich die Abhängigkeit Ihres Kindes und sorgen mit dafür, dass sie bestehen bleibt. Steigen Sie aus diesem unseligen Verhaltensmuster aus – auch wenn Sie tatsächlich Anteile an der Unselbstständigkeit Ihres Kindes haben sollten. Nun können Sie Ihrem Kind klare Signale setzen: »Hör mal, ich glaube, du bist nun alt genug, um das alleine zu schaffen.«

Wenn Sie dann ein schlechtes Gewissen bekommen: Was fürchten Sie? Was ist Ihre schlimmste Befürchtung? Haben Sie Angst, die Liebe Ihres Kindes zu verlieren? Ist das wirklich realistisch? Wohl eher nicht. Denn irgendwann wir Ihr Kind merken, dass das der Moment war, in dem Sie ihm gezeigt haben, was Sie ihm alles zutrauen.

Also: Haben Sie mehr Mut zum Loslassen und Nein-Sagen. Ihr Kind wird es Ihnen irgendwann danken. Verharmlosen Sie das Problem nicht, indem Sie einfach sagen: »Wir haben einfach ein sehr innigen Kontakt.« Sehen Sie genau hin und prüfen Sie sehr genau, ob es sich hier nicht eher um ungute Verstrickungen denn um einen ganz normalen, altersangemessenen Kontakt handelt. Folgende Fragen könnten Ihnen helfen, dies besser zu erkennen:

- Meldet sich das Kind bei Ihnen, weil es einfach Lust hat, mit Ihnen zu sprechen? Oder eher, weil es etwas von Ihnen »haben« will (Kontakt, Trost, Tipps, Geld …)?
- Hätte Ihr volljähriges Kind womöglich Schuldgefühle, wenn es sich seltener bei Ihnen meldete? Fühlt es sich vielleicht verpflichtet, Sie um Hilfe zu bitten, und versucht es so noch, das »brave« Kind zu sein?
- Wie reagieren Sie, wenn sich das »Kind« länger nicht mehr meldet? Rufen Sie es an und machen ihm Vorwürfe? Machen Sie sich Sorgen? Oder sehen Sie das als Zeichen dafür, dass alles gut läuft?
- Fühlen Sie sich Ihrem Kind besonders nahe, wenn es Ihre Hilfe einfordert?
- Sind Sie eine besonders fürsorgliche Mutter, die gerne gebraucht wird? Können Sie den Gedanken ertragen, von Ihrem Kind nicht mehr gebraucht zu werden?
- Was würde passieren, wenn Ihr Kind den Kontakt stark einschränken oder gar abbrechen würde? Wie würden Sie sich fühlen? Wie würden Sie reagieren? Was würde sich für Sie verändern?

Wenn Sie das Gefühl haben, dass es nicht nur an Ihrem Kind liegt, dass Ihre Beziehung »zu eng« ist, sondern es auch etwas mit Ihnen zu tun hat, dann ziehen Sie die Notbremse. Es ist unser Job, die Kinder freizugeben. Wenn wir das nicht tun, ist es für sie umso schwieriger, ihren eigenen Weg zu finden, weil sie sich in Loyalitätskonflikten befinden, aus denen sie nur schwer herauskommen.

»Ich bin wie du und doch ganz anders.« Mutter-Tochter-Konflikte

Nicht selten gibt es heftige Verstrickungen zwischen Müttern und Töchtern, die manchmal über Jahre hinweg schwelen und nicht aufgelöst werden. Dass wir häufig miteinander verwickelt sind, liegt zum einen daran, dass wir eine besonders enge Bindung aneinander haben: Mütter sind nicht nur die erste Bezugsperson für ihre Töchter, sondern als gleichgeschlechtlicher Elternteil auch zusätzlich noch das wichtigste Rollenvorbild. Dass es unseren Töchtern dann manchmal schwer fällt, sich aus dieser sozusagen doppelten Abhängigkeit zu lösen, liegt auf der Hand.

Oft sind die Gefühle der Töchter den Müttern gegenüber hoch ambivalent: Einerseits lieben sie uns und brauchen unsere Wertschätzung; andererseits wollten sie sich unbedingt von uns unterscheiden und »ganz anders« sein als wir. Diese (ganz normale) emotionale Ambivalenz äußert sich dann beispielsweise darin, dass sich Mutter und Tochter an einem

Tag prächtig verstehen und am nächsten dann gnadenlos aneinandergeraten. Erst wenn die Tochter sich wirklich innerlich abgenabelt und ihre eigene weibliche Identität gefunden hat, kommt dieses fragile Mutter-Tochter-Verhältnis wieder dauerhaft ins Lot (was nicht heißt, dass man sich nicht trotzdem mal streitet!). Bei dem Versuch, sich von der Mutter zu emanzipieren, kann es passieren, dass die Tochter sich radikal abwendet oder einen radikal anderen Lebensweg einschlägt als die Mutter das getan tat.

Es kann aber auch umgekehrt sein, dass die Tochter sehr »eng« mit Mutti ist und jedes Wochenende mit ihr shoppen geht oder sich ständig mit ihr über Beziehungsprobleme austauschen möchte. Das ist ja einerseits ganz nett. Aber seien Sie sich als Mutter bitte stets bewusst, dass Sie keine Freundin Ihrer Tochter sind. Auch wenn es bei Ihnen partnerschaftlich zugeht und Sie einen guten Draht miteinander haben: Verwechseln Sie Ihre Tochter nicht mit einer intimen Freundin. Besonders Probleme mit dem Ehemann oder erotische Erlebnisse sind bei Ihrer Tochter nicht gut aufgehoben.

Wir sollten es unseren Töchtern mit der Abnabelung nicht schwerer machen als es ohnehin schon ist, indem wir uns ständig mit ihnen solidarisieren (zum Beispiel gegen »die Männer«) und sie dadurch noch zusätzlich an uns binden. Es ist zwar wichtig und schön, Gemeinsamkeiten zu haben; genauso wichtig ist es aber auch, die Unterschiedlichkeiten anzuerkennen. Besonders für Töchter ist es ein wichtiger Schritt zu erkennen, der Mutter zwar zu ähneln, aber gleichzeitig trotzdem ganz anders sein zu dürfen. Solange Töchter auf gar keinen Fall so werden möchten wie ihre Mutter, so lange sind sie emotional noch nicht wirklich von ihr abgegrenzt.

Kinder haben sehr feine Antennen für das, was sich ihre Eltern von ihnen insgeheim wünschen. Auch dann noch, wenn sie schon erwachsen sind. Besonders tief sitzen dabei die unausgesprochenen Erwartungen. Sie setzen unsere Kinder oft noch mehr unter Druck als die ausgesprochenen. Sie wirken unbewusst und dadurch umso mächtiger.

Prüfen Sie also gelegentlich:

- Hege ich noch ganz tief in mir irgendwelche »Besitzansprüche« an meine Tochter?
- Was erwarte ich von ihr?
- Ist das altersangemessen und vor allem auch unseren Mutter-/Tochter-Rollen angemessen?

- Welche Botschaften habe ich ihr mit auf den Weg gegeben? Könnte es sein, dass ich manche Botschaften korrigieren möchte?

»Du hast mich nie gesehen!« Wie mit Vorwürfen umgehen?

Es kann Phasen im Leben Ihres erwachsenen Kindes geben, in denen es sich vermehrt Gedanken über sein Leben und seine Kindheit macht. Besonders wenn es merkt, dass es an bestimmten Punkten immer wieder scheitert, wird es früher oder später überlegen, woran das liegen könnte. Oft wird dann schnell die Mutter als »Schuldige« identifiziert: Sie ist verantwortlich dafür, dass der Sohn oder die Tochter sich nicht frei entfalten kann, dass er oder sie sich selbst im Weg steht oder sich nicht traut, das Leben in vollen Zügen zu genießen. Als erste und meistens auch wichtigste Bezugsperson ist sie diejenige, mit denen alle Kinder die ersten grundlegenden Bindungs- und Beziehungserfahrungen machen. Insofern ist es verständlich, dass man hier nach »Defiziten« sucht, wenn jemand im späteren Leben immer wieder besondere Probleme hat.

Ein solcher Prozess des Reflektierens kommt besonders dann in Gang, wenn das erwachsene Kind eine Therapie beginnt oder sich ans Familienstellen[15] wagt. Und das ist im Grunde genommen auch gut so, weil sich für den jungen Menschen dadurch Chancen eröffnen, mit seinen Problemen besser zurechtzukommen und zu mehr Verständnis für sich selbst zu finden. Manchmal konfrontieren Kinder ihre Eltern dann aber auch mit Vorwürfen: »Du hast mich nie wahrgenommen!« – »Du hast mich nie geliebt!« – »Du hast mich ja gar nicht gewollt!« Das sind dann bittere Anschuldigungen, die uns zutiefst erschüttern. Wie gehen wir mit solchen Vorwürfen am besten um?

Naturgemäß werden wir die Vorwürfe reflexhaft von uns weisen und uns über diese »Unterstellungen« empören oder aufregen. Das ist verständlich. Denn schließlich haben wir versucht, unser Bestes zu geben, wir haben unserem Kind nie vorsätzlich wehgetan oder es mit vollem Bewusstsein gekränkt. Auch wenn wir anerkennen, dass wir manchmal vielleicht mit unseren Erziehungsmaßnahmen etwas danebenlagen oder uns für manches tröstende Wort schlicht die Energie fehlte: Solche Pauschalvorwürfe sind dennoch ungerecht und ungerechtfertigt. Oder etwa nicht?

Auch wenn solche Vorwürfe tatsächlich meistens recht pauschal daherkommen und uns zutiefst kränken, sollten wir versuchen zu verstehen, was unser Kind damit wohl meint. Wir könnten ihm dadurch helfen, mit seinen Problemen besser klar zu kommen und sich im

Nachhinein »gesehen zu fühlen«, wenn ihm das früher gefehlt hat. In der konstruktiven Auseinandersetzung mit unserer gemeinsamen Vergangenheit könnten wir dem Kind noch etwas geben, das es sich vielleicht schon immer von uns gewünscht hat. Dass das ein mitunter schwieriger und schmerzhafter Prozess sein kann, will ich Ihnen natürlich nicht vorenthalten. Dennoch hilft er auch uns, ins Reine zu kommen – mit unseren Kindern, aber auch mit uns selbst.

Tipp: 10 Hinweise, wie Sie konstruktiv mit Vorwürfen umgehen können

1. Hören Sie lieber hin statt alles abzuwehren
Auch wenn es wehtut: Hören Sie hin, wenn Ihr Kind Sie mit Vorwürfen bombardiert. Prüfen Sie: Ist es immer derselbe Vorwurf? Oder verbirgt sich hinter verschiedenen Vorwürfen ein Grundgedanke (»Du hast mich nicht wahrgenommen«, »Nie kümmerst du dich um mich«, »Immer ist mein Bruder wichtiger als ich …«). Versuchen Sie herauszufiltern, welcher Vorwurf eher vorgeschobener Natur ist, etwa um gewisse Vorteile herauszuschinden (»Früher hast du auch nie Zeit gehabt, da kannst du doch wenigstens jetzt mal mit mir einkaufen fahren …«). Nehmen Sie sich Zeit, sich klar darüber zu werden, welcher Vorwurf Sie am meisten kränkt. Das wird mit Sicherheit der sein, an dem zumindest ein Körnchen Wahrheit ist.

2. Fragen Sie nach und relativieren Sie die Vorwürfe innerlich
Lassen Sie sich von der Pauschalität des Vorwurfs nicht abschrecken. Gehen Sie davon aus, dass das Kind unter einem starken Leidensdruck steht, sonst würde es Sie sicher nicht mit solchen Vorwürfen konfrontieren. Machen Sie sich unbedingt klar: Auch wenn dieser Vorwurf momentan das Denken des erwachsenen Kindes zu dominieren scheint, so ist das doch nur ein Aspekt seines Empfindens zu Ihnen. Denn natürlich liebt Ihr Kind Sie trotzdem!

Fragen Sie nach: »Wie meinst du das genau? Kannst du mir ein Beispiel dafür geben? Wann soll das gewesen sein?« Versuchen Sie herauszufinden, worauf sich genau der Vorwurf bezieht. So lässt sich eine verallgemeinerte Aussage wie »Du hast dich zu wenig um mich gekümmert« präzisieren, sodass sie auch ein bisschen weniger wuchtig erscheint.

3. Respektieren Sie die Gefühle Ihres Kindes und nehmen Sie seinen Kummer ernst

Auch wenn Sie das Gefühl haben, dass Ihre Tochter/Ihr Sohn stark übertreibt: Wenn die Empfindungen aus alten Tagen stammen, in denen Ihr Kind noch richtig klein war, so ist es verständlich, dass die Vorwürfe heftig ausfallen. Denn ein kleines, abhängiges Kind erlebt auch kleinere Trennungen oder Zurückweisungen als sehr viel dramatischer als ältere Kinder oder Erwachsene. Wenn hier eine kindliche Wunde klafft, schmerzt sie auch später noch stark. Damit sie heilen kann, muss der junge Mensch sie spüren – und lernen, über Trauerarbeit inneren Frieden damit zu finden. Sie können ihm bei diesem Heilungsprozess helfen – indem Sie diese Gefühle respektieren und ernst nehmen. »Ach, so hast du dich gefühlt? Das wusste ich ja gar nicht. Das ist ja wirklich traurig. Kein Wunder, dass du dich so ärgerst. Jetzt verstehe ich deine Wut.« So oder so ähnlich könnte ein annehmender Satz lauten.

4. Prüfen Sie, ob an den Vorwürfen etwas dran ist

Erst wenn Sie wissen, was Ihr Kind genau meint, können Sie sich darüber Gedanken machen, ob und was an den Vorwürfen vielleicht stimmen könnte. Hatten Sie in der besagten Lebensphase selbst viel Stress? Oder litten Sie gar unter Depressionen? Hatten Sie gerade eine Trennung zu verarbeiten und fühlten sich mit den Kindern total überfordert? Und könnte es sein, dass Sie Ihrem Kind in dieser Phase vielleicht wirklich nicht das geben konnten, was es womöglich gebraucht hätte?

5. Äußern Sie Ihre eigenen Gefühle

Versuchen Sie nicht, das Thema sachlich oder rein kognitiv abzuhandeln. Lassen Sie die Gefühle hochkommen, die hochkommen. Es kann sehr heilsam sein, zusammen zu weinen und seiner Tochter oder seinem Sohn sagen zu können: »Es tut mir leid, wenn du dich so gefühlt hast. Ich konnte dir zu diesem Zeitpunkt wohl nicht das geben, was du gebraucht hättest.« Erwarten Sie nicht, dass Ihr Kind Ihnen sofort »verzeiht« – vielleicht braucht es dazu noch ein bisschen Zeit. Was Sie Ihrem Kind hiermit aber geben, ist sehr wertvoll: Nämlich das Gefühl, dass es sich so fühlen darf, wie es sich fühlt, und dass es in seinem Mangelgefühl (das aus alten Zeiten stammt) endlich wahrgenommen wird. Das kann für den weiteren

Reife- und Entwicklungsprozess Ihres Kindes wahre Wunder wirken.

6. Bleiben Sie freundlich und verständnisvoll mit sich
Wenn Sie merken, dass an den Anschuldigungen Ihres Kindes vielleicht doch etwas dran sein könnte, dann verfallen Sie bitte keinesfalls in Schuldgefühle. Mütter neigen sehr dazu, schnell ein schlechtes Gewissen zu bekommen, wenn sie an einer Stelle »versagt« zu haben scheinen. Bleiben Sie freundlich mit sich, gestehen Sie sich zu, auch nicht perfekt sein zu können. Es ist kein Widerspruch zuzugeben, manchmal (auch als Mutter) unzulänglich zu sein, und sich gleichzeitig in Ordnung zu finden. Und wenn Sie sich in die alte Zeit zurückversetzen und sich überlegen, wie Sie sich damals gefühlt haben, werden Sie auch Ihr Verhalten verstehen. Das heißt nicht zwangsläufig, dass Sie Ihr Verhalten im Nachhinein gut finden – aber zu wissen, warum es einfach nicht anders ging, kann auch Ihnen helfen, die Vorwürfe Ihres Kindes besser zu verarbeiten.

7. Verzichten Sie auf Gegenvorwürfe
Es ist ein altbekannter Reflex: Auf Vorwürfe reagieren wir schnell mit Gegenvorwürfen: »Du hast immer an mir rumgemeckert. Alles, was ich gemacht haben, war irgendwie falsch.« – »Du warst aber auch einfach ein schwieriges Kind. Wärst du anders gewesen, hätte ich ja nicht meckern müssen.«

Solche Gegenvorwürfe sind kontraproduktiv und setzen eine argumentative Negativ-Spirale in Gang, aus der man später nur schwer wieder aussteigen kann. Atmen Sie also tief durch und überlegen Sie, was Sie antworten. Nicht immer ist der erste Impuls auch der beste. Wenn Sie nicht wissen, was Sie überhaupt sagten sollen, sagen Sie genau das: »Ich bin jetzt etwas sprachlos.« Besser, als sich auf die Vorwurfschiene zu setzen, ist das allemal.

8. Halten Sie sich mit Rechtfertigungen Ihres Verhaltens zurück
Es ist ein verständlich, dass wir schnell versuchen, unser vielleicht nicht so besonders gutes Verhalten zu erklären und zu rechtfertigen. Seien Sie damit aber etwas vorsichtig. Zunächst geht es darum anzuerkennen, dass das Kind sich durch uns in irgendeiner Weise gekränkt gefühlt hat – ohne dass wir das jemals beabsichtigt hätten!

Erst im zweiten Schritt sollten Sie Ihrem Kind dann Ihre Perspektive erläutern. Wenn Sie zu schnell anfangen, sich zu rechtfertigen, hinterlässt das beim Gegenüber das schale Gefühl, dass Sie sich irgendwie »rausreden« wollen und dass er in seinem Gekränktsein nicht wirklich wahrgenommen wird. Und das sollten Sie dringend vermeiden, da sonst alles quasi wieder von vorne losgeht. Indem Sie anerkennen, wie sich Ihr Kind fühlt, ohne sich gleich zu rechtfertigen, durchbrechen Sie einen Kreislauf. Das ist ein wichtiger Schritt für beide »Parteien« in Richtung Verständigung und Versöhnung. Gehen Sie ihn, auch wenn es schwer fällt.

9. Vertagen Sie das Gespräch, falls die Gefühle zu heftig werden
Falls Sie sich völlig überrumpelt fühlen – von der Heftigkeit der Vorwürfe, der Wut Ihres Kindes oder Ihren eigenen Gefühlen –, dann vertagen Sie das Gespräch. Sagen Sie klar, dass Sie sich jetzt überfordert fühlen und das Thema ein anderes Mal in Ruhe besprechen möchten. Tun Sie das aber dann auch, sonst fühlt sich Ihre Tochter/Ihr Sohn »abgewimmelt«. Und das kann sehr verletzend sein.

10. Bitten Sie gegebenenfalls um Entschuldigung
Wenn Sie verstehen, was Ihr Kind so verletzt hat, könnten Sie sich vielleicht sogar entschuldigen. »Es tut mir sehr leid, ich möchte dich dafür um Entschuldigung bitten«, ist ein Satz, der uns manchmal nur schwer über die Lippen kommt. Aber es ist ein heilsamer Satz, der es sowohl uns selbst als auch dem Gegenüber ermöglicht, den alten Schmerz loszulassen und Frieden miteinander zu schließen.

Tun Sie das aber nur, wenn Sie auch wirklich davon überzeugt sind. Ein halbherziges »Sorry, dass das so gelaufen ist« wird die Wut eher schüren als besänftigen. Wenn Sie nicht das Gefühl haben, sich für irgendetwas entschuldigen zu müssen, dann ist es konsequent und ehrlich, dies auch nicht zu tun. Es ist dann die Aufgabe Ihres erwachsenen Kindes, diesen Konflikt weiter mit sich selbst abzumachen.

Tabu-Thema Kontaktabbruch: Emotionaler Super-GAU oder Chance?

In der letzten Zeit häufen sich in der Öffentlichkeit Berichte über Kinder, die sich von ihren Eltern radikal losgesagt haben. »Funkstille« titelte der *Stern* am 21.7.2011. So gibt es in Deutschland mittlerweile immerhin mehr als 20 Selbsthilfegruppen von Eltern, die von ihren Kinder »verlassen« wurden. Sie versuchen zu verstehen, warum ihr Kind den Kontakt abgebrochen hat, warum es sich hartnäckig weigert, ein weiteres Gespräch zu führen und Briefe von Mama oder Papa ungeöffnet wieder zurückschickt, und sie wollen sich gegenseitig dabei helfen, diesen schmerzlichen Bruch irgendwie zu verkraften.

Auch früher gab es sicherlich erwachsene Kinder, die sich von ihren Eltern konsequent abwandten. Bislang aber wurde kaum darüber gesprochen, zu peinlich und schmerzhaft ist das für die betroffenen Eltern. Kaum etwas scheint für Eltern demütigender zu sein, als von ihren Kindern quasi sitzengelassen worden zu sein. Die Scham lässt diese Eltern oft verstummen und damit innerlich einsam werden.

Besonders unerträglich ist es für sie, wenn sie nicht verstehen können, warum sich der erwachsene Sohn oder die Tochter so abrupt abwendet. Reflexartig fragen sie sich, ob sie Schuld daran haben, irgendetwas falsch gemacht haben, und finden allein oft keine Antworten auf diese Fragen. Das führt bei vielen »verlassenen« Eltern zu Ratlosigkeit, Verzweiflung und Wut – verständliche Reaktionen auf die unfreiwillige Trennung von ihren Kindern.

Irgendetwas ist schief gelaufen, aber was? Sicher ist nur, dass es dem jungen Menschen aus irgendeinem Grund nicht möglich zu sein scheint, einerseits unabhängig von den Eltern ein eigenständiges Leben zu führen und gleichzeitig einen freundlichen Kontakt mit ihnen zu pflegen. Das angestrebte Ziel, eine Balance zwischen Autonomie und Bindung zu den Eltern zu finden, scheint vorerst gescheitert zu sein.

Sind die Kinder zum Zeitpunkt des Kontaktabbruchs noch jung, so kann dies einfach eine Phase ihres ganz normalen Abnabelungsprozesses sein. Manche brauchen einfach eine ganz deutliche Abgrenzung, um besser für sich sorgen und zu sich selbst finden zu können. In diesem Fall können die Eltern hoffen, dass das große Kind sich irgendwann wieder meldet – vorausgesetzt, sie stehen weiter im Stand-by-Modus zur Verfügung und wollen den Kontakt zu ihrem Kind auch weiterhin aufrechterhalten.

Je später sich die Erwachsenen von ihren Eltern abwenden, desto größer ist die Wahrscheinlichkeit, dass diese Trennung dann auch endgültig ist. Die Erfahrung, die sie gemacht haben, lautet: »Ich kann kein gutes Leben führen, wenn ich Kontakt mit meinen Eltern habe.« Der Bruch ist dann nicht mehr Bestrafung, Rache oder »Beziehungspause«, sondern die erwachsene Entscheidung für ein selbstbestimmtes Leben nach den eigenen Vorstellungen. Es mag etwas Tröstliches in dem Gedanken stecken, dass dieser Mensch immerhin einen Weg gefunden hat, gut für sich selbst zu sorgen.

Prinzipiell wirft die radikale Abkehr der volljährigen Kinder von ihren Eltern einige Fragen auf: Zum Beispiel, ob es eine Art moralische Verpflichtung seitens der Kinder gibt, sich in gewissem Rahmen um ihre Eltern zu kümmern. Müssen sie sich dankbar zeigen oder sich verpflichtet fühlen? Oder haben sie prinzipiell das Recht – auch das moralische Recht –, sich sang- und klanglos aus dem Staub zu machen? Das sind schwierige Fragen, die wohl jeder für sich selbst beantworten muss. Rein rechtlich betrachtet sind die Kinder jedenfalls frei von der Verpflichtung, sich bei den Eltern melden oder gar Kontakt halten zu müssen. Auch Großeltern haben keinen Rechtsanspruch darauf, ihre Enkel sehen zu dürfen – eine bittere Pille für stolze Omas und Opas, die sich nichts sehnlicher wünschen, als einfach die Kinder ihrer Kinder gelegentlich sehen zu dürfen.

Allerdings ist es umgekehrt ja auch so: Eltern sind rechtlich nicht gezwungen, sich den jungen Erwachsenen oder den Enkelkindern emotional zuwenden zu müssen. So traurig es sein mag: Es gibt keine rechtliche Grundlage, auf der sich eine emotionale familiäre Bindung erzwingen lassen könnte. Und das ist auch gut so. Denn wie sollte ein erzwungener Kontakt denn aussehen? Wie sollte es denn gutgehen, wenn der erwachsene Sohn einen soliden Brass auf seinen Vater mit sich herumträgt, aber genötigt wäre, ihn regelmäßig sonntags zu besuchen? Dass das nicht funktionieren kann, liegt auf der Hand. Grundsätzlich gilt also: Wenn einer von beiden den Kontakt nicht möchte, hat der andere das zu respektieren, auch wenn das noch so schmerzhaft ist.

Aus familientherapeutischer Perspektive ist es übrigens kaum vorstellbar, dass eine Trennung des erwachsenen Kindes von seinen Eltern so abrupt und unvorbereitet kommt, wie die betroffenen Eltern das oft erleben. Es ist zwar glaubhaft, dass sie aus »allen Wolken« fallen, aber höchst unrealistisch, dass vorher alles wunderbar harmonisch und konfliktfrei gewesen sein soll. Manchmal sind sehr gravierende Dinge vorgefallen, die aber kollektiv verdrängt oder verharmlost werden, etwa körperliche oder sexuelle Gewalt. In solchen Fällen kann man problemlos verstehen, dass jemand von seinem ehemaligen Misshandler nichts mehr wissen will.

Doch es gibt natürlich auch sehr viel unspektakulärer verlaufende Entfremdungsprozesse: Wenn sich die Kinder nicht gesehen oder nicht wertgeschätzt fühlen, wenn sie das Gefühl haben, dass sie durch erzwungene Loyalität zu den Eltern eingeengt werden, wenn sie immer mit dem schrecklichen Gefühl herum laufen, es ihren Eltern nicht Recht machen zu können, oder wenn sie sich von ihnen innerlich nicht abgrenzen können, ohne unter massiven Schuldgefühlen zu leiden, dann ist der Kontaktabbruch möglicherweise nur eine Frage der Zeit.

Auch wenn es kein Trost für betroffene Eltern ist: Selbst wenn sich der Grund für den Beziehungsabbruch nicht so ohne weiteres erschließen lässt: Es gibt einen. Mindestens. Meistens sogar mehrere.

Fakt ist: Kein junger Erwachsener trennt sich von seinen Eltern ohne vorhergegangene inneren Konflikte und seelische Not. Fast immer gab es vorher schon massive Schwierigkeiten in der Eltern-Kind-Beziehung und latent schwelende Konflikte, die den »Kindern« nicht mehr lösbar zu sein schienen. Oder das Kind hat in jungen Jahren solch tiefe Verletzungen erlitten, dass es sich geschworen hat, es den Erwachsenen irgendwann heimzuzahlen. Denn der komplette Kontaktabbruch kann auch als maximale Bestrafung eingesetzt werden, frei nach dem Motto: »Du hast mir wehgetan, als ich klein war. Und wenn ich groß bin, tue ich dir auch weh.« Das wäre eine Form von Rache, die einem traumatisierten Kind im Nachhinein eine gewisse Genugtuung verschaffen kann. Auch kann dieser Schritt ihm zu einem Gefühl von Eigenmacht verhelfen, die es lange entbehrt hat. Nun ist er/sie nämlich groß genug, um sich nicht mehr »alles« gefallen lassen zu müssen. Es kann aber auch einfach eine Schutzreaktion des erwachsenen Kindes sein: »Ich fühle mich nicht gut behandelt, nicht richtig wertgeschätzt. Und ich möchte mich diesem schlimmen Gefühl nicht mehr aussetzen.«

Viele junge Erwachsene, die sich letztlich von ihren Eltern abwenden, haben vorher allerdings sehr oft versucht, ihre Bedürfnisse zu vermitteln und den Konflikt mit den Eltern zu bewältigen – in ihren Augen erfolglos. »Mit denen kann man einfach nicht reden, die hören gar nicht richtig zu« oder »Sie verstehen mich einfach nicht« sind Sätze von verzweifelten jungen Menschen, die lange um das Verständnis und die Anerkennung der Eltern gekämpft haben, sich aber letztlich von ihnen nicht gehört fühlen.

Manche junge Erwachsenen trauen sich aber gar nicht erst, bestimme (Tabu-)Themen überhaupt anzubringen, aus dem subjektiv sicheren Wissen, dass sie ohnehin kein Verständnis bekommen werden. Bevor ich mich in meiner Not zeige und dann doch nur einen drauf bekomme, lasse ich es lieber. Diese Form der Resignation gipfelt sehr häufig in Kontaktabbrüchen. Das ist oft bei Erfahrungen von sexueller Gewalt in der Kindheit der Fall: Wer sich schon als kleines Kind in seiner Not nicht wahrgenommen fühlte, glaubt auch später nicht mehr daran, mentale Hilfe bekommen zu können: Wenn Mama früher schon nicht richtig hingesehen hat oder mir nicht geglaubt hat, warum sollte sie das jetzt tun?

Warum nur? Das Kind, das den Kontakt abbricht, verstehen lernen

Wenn Ihr Kind sich von Ihnen dauerhaft abwendet oder sich abzuwenden droht, könnten Sie folgende Fragen in Ihrem Herzen bewegen:

- Zu welchem Zeitpunkt hat Ihr Kind angefangen, sich von Ihnen zu distanzieren? War das schon sehr früh, erst später in der Pubertät oder nach einem bestimmten Ereignis? Wann war das? Und was ist genau passiert?
- Haben Sie das Gefühl, Ihr Kind will Sie bestrafen oder sich an Ihnen rächen? Wenn ja, wofür?
- Hatten Sie eine so enge Bindung, dass Ihr Kind nun endlich mal Platz für sich braucht und nur auf diesem radikalen Weg zu sich selbst finden kann? Kann es sein, dass Ihr Kind sich sehr abhängig von Ihnen gefühlt hat und einfach noch nicht weiß, wie es gleichzeitig unabhängig und Ihnen nah sein kann?
- Ist Ihr Kind etwas egoistisch geraten und schlicht nicht willens, auf die Bedürfnisse anderer einzugehen?
- Ist Ihr Kind in einer schwierigen Lebensphase und empfindet die Beziehung zu Ihnen als zusätzliche Verpflichtung, der es zurzeit nicht nachkommen kann?
- Findet Ihr Kind den Kontakt zu Ihnen vielleicht unbefriedigend? Woran könnte das liegen?
- Haben Sie Ihr Kind an einem wichtigen Wendepunkt seines Lebens womöglich im Stich gelassen, bzw. hat Ihr Kind sich im Stich gelassen gefühlt (haben Sie z. B. einen Partner nicht akzeptiert o. Ä.)? Könnte

es sein, dass das Ihr Kind nachhaltig so gekränkt hat, dass es sich deshalb von Ihnen zurückzieht?

Das sind schwierige Fragen, die uns an die Substanz gehen. Wenn Sie aber wirklich herausfinden und verstehen wollen, warum Ihr Kind sich von Ihnen abwendet, dann sollten Sie sich ehrlich diesen unangenehmen Fragen stellen.

Oder noch besser: Suchen Sie sich eine systemische Familienberatung, bei der Sie sowohl auf Spurensuche gehen als auch Strategien entwickeln können, wie Sie mit diesem schmerzlichen Bruch besser fertig werden. Denn selbst wenn es nicht gelingen sollte, das erwachsene Kind zu verstehen, so ist es doch unsere Aufgabe, es ziehen zu lassen. Das ist schwierig und tut weh. Und ist doch der einzige Weg, um wieder inneren Frieden zu finden und im eigenen Leben weiterzukommen.

5. Endlich ich! Wie Sie es sich im »leeren Nest« gemütlich machen

Das Loslassen der erwachsen gewordenen Kinder ist eine der wichtigsten Entwicklungsaufgaben von Eltern im mittleren Alter. Leider sind sie aber auch noch mit einigen weiteren Veränderungen in ihrem Leben konfrontiert, die sie irgendwie bewältigen müssen. Da kommen eventuell Probleme mit den alternden Eltern auf sie zu, die immer mehr Unterstützung oder gar Pflege benötigen. Das kann frustrierend sein, vor allem wenn man endlich mal mehr Freiraum für sich haben oder im Beruf eigentlich gerade so richtig durchstarten wollte. Es kann auch sehr an die Substanz gehen, die eigenen Eltern hinfällig und kränklich werden zu sehen. Abgesehen davon, dass es eine außerordentliche mentale und physische Belastung sein kann, zwischen Job, Eltern und eigenem Haushalt zu pendeln, Hilfsdienste zu organisieren oder sogar selbst Pflegezeiten zu übernehmen. Diese Mehrfachbelastung macht vielen Frauen der »Generation Sandwich« schwer zu schaffen, vor allem wenn sie berufstätig sind.

Vielleicht stellen sich außerdem alters- und stressbedingt bereits die ersten Zipperlein ein, die Bandscheiben oder die Gelenke machen sich bemerkbar und die Hormone spielen verrückt. Schon der morgendliche Blick in den Spiegel sagt uns ja, dass sich irgendwie zwischenzeitlich einiges verändert haben musst. Waren wir nicht vor kurzem noch völlig faltenfrei? Wo kommen denn plötzlich diese lästigen Härchen her? Und wie jetzt: Sind das etwa schon die ersten Altersflecken?

Auch das ist etwas, um das wir nicht herumkommen: Uns damit auseinander zu setzen, dass sich unser Körper verändert. Leider nicht immer zu seinem Vorteil und schon gar nicht in unserem Sinne. Auch wenn wir uns mithilfe von raffinierten Cremes für die reifere Haut, Fitnesstraining, gesunder Ernährung und Haarfärbemittel noch lange fit und attraktiv halten können: Älter werden wir ja trotzdem.

Und auch der werte Gatte hat mittlerweile vielleicht schon graue Haare, einen kleinen Bierbauch oder befindet sich zumindest gefühlt schon in seiner dritten Midlife-Crisis. Und überhaupt: Zeigt nicht auch die Ehe mittlerweile einige Ermüdungserscheinungen? Wenn nicht sogar schon deutliche Zeichen der Zerrüttung? All das immer mit Humor und

Gelassenheit nehmen zu können, ist nahezu unmöglich. Es gibt also einiges zu tun.

Es gibt aber keinen Grund, den Kopf in den Sand zu stecken, obwohl dieser Impuls angesichts der komplexen Gemengelage durchaus verständlich wäre. Die vielfältigen Aufgaben, die auf uns »mittelalte« Frauen zukommen, zwingen uns, unser Leben neu auszurichten, neue Schwerpunkte zu setzen, uns immer genauer auf unsere Bedürfnisse zu besinnen. Und dadurch eröffnen sich oftmals ungeahnte neue Wege. Diese Chance sollten wir nutzen.

Voll das Leben im leeren Nest: Gefühle und andere freundliche Gäste

Das »leere Nest« ist besonders für Mütter eine völlig neue Lebenssituation. Manche fallen angesichts der gravierenden Veränderungen in ein tiefes Loch. Das betrifft vor allem Frauen, die sich als klassische Hausfrauen sehr auf die Versorgung und Erziehung der Kinder konzentriert haben, denn ihre Alltagsstruktur fällt nun in sich zusammen und sie verlieren ihren Halt und ihre identitätsstiftende Lebensaufgabe.

Aber auch berufstätige Mütter identifizieren sich oft stark mit ihrer Mutterrolle; auch für sie ist das Loslassen manchmal eine echte Herausforderung. Nur weil man im Alltag abgelenkt ist und noch andere Aufgaben zu erledigen hat, heißt das ja nicht, dass einem der Auszug der Kinder nicht auch schwer zu schaffen machen kann.

In diesem vorübergehenden Sinn-Vakuum kann erst mal Irritation entstehen; einige Frauen leiden unter einer tiefen Trauer, manchmal sogar unter Depressionen. Früher wurde dann schnell und gern das »Empty-nest-Syndrom« diagnostiziert. Besonders in der Generation unserer Mütter wurden Depressionen oft einzig auf den Weggang der Kinder »geschoben«.

Dass der Auszug der Kinder die alleinige Ursache einer psychische Krise sein soll, ist allerdings höchst unwahrscheinlich. Vielmehr mag er ein Auslöser gewesen sein, der tiefer liegende innere Konflikte wieder hochspülte. Oder es ist möglich, dass das plötzliche Fehlen einer als sinnvoll empfundenen Tätigkeit (nämlich sich um Kinder zu kümmern) die Frau plötzlich mit sich selbst und ihren verdrängten seelischen Nöten konfrontierte.

Während viele heutige Frauen mit Hitzewallungen und Co. offen und humorvoll umgehen können, waren die körperlichen Veränderungen für unsere Mütter eher schambesetzt und wahrlich kein Thema, über das sie offen sprechen konnten. Dass auch das belastend gewesen sein mag – zumal das Verständnis der Männer mangels Wissens und Einfühlungsvermögens sicher auch bisweilen begrenzt war –, ist leicht vorstellbar. Außerdem gab es damals noch viel mehr klassische Hausfrauen, die ihren Selbstwert überwiegend aus ihrer Rolle als treu sorgende Ehegattin und Mutter bezogen. Was blieb denn, wenn die Kinder aus dem Haus waren und der Ehemann immer noch aushäusig an seiner Karriere bastelte? Oder sich womöglich schon längst irgendwo eine heimliche jüngere Geliebte zugelegt hatte? Schon diese Umstände reichen völlig, um in eine mittelschwere Sinn-Krise hineinzurauschen.

Gerne außer Acht gelassen wurde aber auch die Tatsache, dass die Generation unserer Eltern vom Krieg schwer traumatisiert war. Heute wissen wir, dass insbesondere diese Kriegstraumatisierungen sowie Flüchtlingserfahrungen bei der Entstehung von Depressionen im späteren Alter eine entscheidende Rolle spielen. Unglaublich viele Kinder litten im Dritten Reich Hunger und Angst in Luftschutzbunkern, sie verloren wichtige Angehörige, sahen Tote, Schutt und Asche, viele wurden sogar vergewaltigt oder mussten mit ihren Familien aus ihrem Heimatort fliehen. Kein Wunder, dass irgendwann, wenn die Kräfte nachlassen und die Kinder aus dem Gröbsten heraus sind, die tief verletzte Seele zum Ausdruck kommt. Dafür hatte man früher oft keinen Blick.

Stattdessen verschrieben die Haus- und Frauenärzte schnell und gerne Antidepressiva oder Beruhigungsmittel, freilich ohne damit auch nur ein einziges Problem zu lösen. Damit haben sie das Phänomen pathologisiert, statt es als mehr oder minder normales Zeichen einer Übergangskrise, die beim Wechsel von einer Lebensphase in die andere geschehen kann, zu betrachten oder gar nach anderen, tiefer liegenden Ursachen für die Depressionen zu suchen, etwa die Traumatisierungen aus Kriegszeiten. Auf diese Weise mussten sich weder Männer noch die Gesellschaft weiter darüber Gedanken machen, warum so viele Frauen dieser Generation depressiv geworden waren. Es lag einfach an den Hormonen und daran, dass die Frau ihre angeblich naturgemäße Bestimmung erfüllt hatte und sich nun »sinnlos« fühlte.

Heute sieht das glücklicherweise anders aus. Wir sind mittlerweile so weit, den Übergang vom Familienleben zum Nach-Familienleben als »normative« – also ganz normale – Krise zu betrachten und bei Depressionen oder anderen psychischen Problemen differenzierte Therapieangebote in Anspruch nehmen zu können. Wir haben mehr Verständnis entwickelt für das, was im Körper und in der Seele der Frau vor sich geht, und wir nehmen das Zusammenspiel von Geist und Körper viel ernster als noch vor ein paar Jahrzehnten. Insofern ist es heute – trotz Jugendwahn und Fitness-Sucht – durchaus etwas leichter geworden, selbstbewusst älter zu werden.

Mittlerweile hat auch der Begriff »leeres Nest« glücklicherweise wieder einen etwas neutraleren Charakter angenommen: Das Nest hat als Brutstätte einfach ausgedient, und nachdem die Jungen ausgeflogen sind, kann sich »frau« nach Herzenslust darin breit machen: Mit Mann oder Frau oder ganz alleine. Viele Tabus sind gefallen, und das hat durchaus seine Vorteile.

Dass viele Mütter in den mittleren Jahren dem Auszug ihres Kindes zwar mit Abschiedsschmerz, aber auch mit einer gewissen Abenteuerlust begegnen, liegt auch daran, dass wir immer älter werden und uns mit Ende 40 / Anfang 50 durchaus noch jung, fit und leistungsfähig fühlen. Und wir sind es ja auch meistens noch. Auch wenn der Arbeitsmarkt nur schwer zögerlich auf die Energie der 45+Generation reagiert – die Power, mit der sich oft Frauen in diesem Alter nochmal im Job oder einem Ehrenamt engagieren, und der Mut, den sie oft dabei aufbringen, ist ein untrügliches Zeichen dafür, dass die Zeiten, in denen eine Frau in den Wechseljahren zum alten Eisen gehört, endgültig passé sind. So kommt es, dass sie nach dem Auszug ihrer Kinder immer noch genug um die Ohren haben, so wie die allein erziehende Maria beschreibt:

»Nach dem Auszug meiner Tochter hat sich mein Leben kaum verändert. Es war ja auch vorher nicht nur auf sie ausgerichtet. Es war und ist lebendig und munter und immer in Bewegung.«

War früher das Ansehen einer Frau stark von ihrer Rolle als Mutter geprägt, so bezieht sie heutzutage einen Teil ihres Selbstwertes aus ihrer Arbeit, einem Ehrenamt oder einer anderen für sie persönlich bedeutsamen Tätigkeit. Niemals in der Geschichte zuvor waren »mittelalte« Menschen so lernbegierig, aktiv und engagiert wie heute. Kein Wunder, dass sie als Zielgruppe der Werbe-Industrie immer beliebter werden: die sogenannten »Best Ager« sind kaufkräftig und offen für gute Produkte und Dienstleistungen.

Das ist die gute Nachricht: Wer zu der (nicht nur für die Wirtschaft) attraktiven »Generation Silber« zählt, ist alles Mögliche – nur nicht langweilig oder alt. Die nicht so gute Nachricht ist, dass der Übergang von der Familienfrau zur Frau in der Phase »danach« manchmal doch etwas holpriger verläuft als wir das lustig finden. Diese emotionalen Berg- und Talfahrten als Chancen zu betrachten, neues Land zu erkunden, will eben gelernt sein. Das Zauberwort heißt dabei: sich darauf einlassen. Das Abenteuer »Leben im leeren Nest« kann beginnen – wenn Sie dazu bereit sind. Ein bisschen Mut gehört schon dazu. Aber es kann sich lohnen, eine Art innere Inventur zu machen und sich neu zu justieren. Herzlich Willkommen in einem neuen Lebensabschnitt!

Verluste betrauern: Der erste Schritt zum neuen Leben

Das »leere Nest« kann sich in der ersten Aufregung ganz fantastisch anfühlen: Endlich Platz und Ruhe! Kein Chaos mehr! Keine Turnschuhe mehr, über die man stolpert. Niemanden, auf den ich Rücksicht nehmen muss! Keiner, der nach Hause kommt und als erstes fragt: »Und wann gibt es Essen?« Nahezu euphorisch räumen Mütter dann erst den freundlicherweise hinterlassenen »Dreck« weg und dann das leere Zimmer nach ihrem Geschmack um. Oder sie richten es ganz neu ein: als Meditationsraum oder Büro, als Gästezimmer oder kunterbunten Multifunktionsraum. Hauptsache, man nimmt diesen neuen leeren Raum irgendwie wieder in den eigenen Besitz. Von diesem Gefühl kann Carola nur schwärmen:

»Endlich die ganze Wohnung für mich ganz allein! Ich konnte es gar nicht fassen. Es war und ist einfach herrlich!«

Doch irgendwann kommt es womöglich doch, dieses flaue Gefühl im Magen oder Kopf. Dann sickert diese Gewissheit in unser Hirn und Herz, dass nun eine sehr wichtige Ära in unserem Leben vorbei ist. Für immer. Endgültig. Wie aus heiterem Himmel fühlen wir uns dann wie das heulende Elend. Oder das Gefühl der Trauer nistet sich schleichend in unser Gemüt ein und bohrt sich schmerzhaft bis in unser Bewusstsein durch: Da kommt keiner mehr, der uns täglich Turnschuhe in den Weg schmeißt oder sich auf unser Kartoffelgratin freut. Es wird nie mehr so sein wie früher. Als Mutter hat man jedenfalls überwiegend ausgedient.

Das zu realisieren, ist nicht gerade der Gefühlszustand, den wir uns sehnlichst herbeigewünscht hätten – im Gegenteil. Schließlich haben wir ja genug zu tun und auch noch einiges in unserem Leben zu erledigen.

Abschieds- und Trauergefühle überrumpeln uns manchmal sehr heftig und bremsen uns dann höchst unangenehm aus. Dabei sind es nicht nur die Empfindungen an sich, die wir schwer erträglich finden. Es quält uns mitunter auch das Gefühl, uns und unser Leben nicht mehr unter Kontrolle zu haben. Macht schon der Hormonhaushalt, was er will, und lässt uns heute mal gut und uns morgen wie gerädert fühlen, so gerät nun auch noch das ganze Lebenssystem aus den Fugen: Was bisher war, ist fort. Was kommen wird, wissen wir noch nicht so genau. Dazwischen klafft eine Lücke, die wir irgendwie füllen müssen, ohne zu wissen, wie das eigentlich geht. Das macht uns phasenweise hilflos, traurig oder wütend.

Wir sehen uns selbst gerne als vernünftige Menschen, die ihre Gefühle unter Kontrolle haben und mit den Veränderungen des Lebens souverän umgehen. Das können wir ja auch meistens. Aber manchmal erwischt es uns eben kalt, wir sind unseren Tränen ausgeliefert und unser Selbstbild gerät ins Wanken: Werd ich jetzt depressiv? Komme ich aus diesem Loch je wieder raus? Was mache ich denn jetzt bloß mit dem Rest meines Lebens? All das sind Fragen, die Frauen nach dem Abschied ihrer Kinder aus dem Haus durchaus zeitweise beschäftigen.

Dieser Abschiedsschmerz kann allerdings auch sehr verspätet eintreten, wie es bei der Ärztin und Autorin Christiane Northrup war. Sie beschreibt ihr persönliches Leeres-Nest-Szenario nach dem Auszug der beiden Töchter folgendermaßen:

»Da mein Mann gegangen und meine Scheidung fast abgeschlossen war, war dies seit der Zeit des College … das erste Mal, dass ich ganz allein war. Eine Weile lang fand ich nichts dabei. Mein Haus war sauberer, als es seit Jahren gewesen war …, und als ich begann, das Interieur nach meinen Vorstellungen umzugestalten, empfand ich es als angenehmen Nebeneffekt, ohne das Chaos anderer Leute zu leben. Ich aß, was ich wollte und wann ich wollte, arbeitete, wann immer ich Lust hatte, zündete Kerzen an und sah mir bis spät in die Nacht Filme an. Langsam begann ich es zu genießen, Ruhe zu haben und ganz ohne Unterbrechung über mein Leben nachsinnen zu können. …
Doch einen Monat später wurde ich wie aus heiterem Himmel von Kummer und Einsamkeit übermannt. … Ich befand mich in einem Zwi-

schenstadium, trauerte um das, was war, und um das, was hätte sein können. Intellektuell wusste ich, dass dies eine Wachstumsphase war, eine Art Wehenschmerz, der wunderbare Dinge hervorbringen würde, wenn ich mir nur erlauben würde, durch diese Phase zu gehen. .... Statt meine Gefühle zu ‚glätten' und Wege zu finden, sie zu betäuben, um mir den Kummer zu ersparen, ließ ich meinen Schmerz zu. Ich war einsam und enttäuscht, litt an gebrochenem Herzen und fürchtete mich, und ich saß auf meinem Bett und weinte um all das in meinem Leben, das dabei war zu sterben.«[16]

Es ist eine natürliche Reaktion, auf so große Veränderung des Lebens emotional entsprechend heftig zu reagieren, nur neigen wir leider dazu, uns das nicht zu gestatten. Sich zusammenzureißen, tapfer zu sein, vermeintliche Schwächen nicht zuzugeben – das ist in unserer Gesellschaft angesagter, als sich verletzbar zu zeigen. Wir erwarten von uns, schon dann souverän zu sein, wenn wir noch gar nicht so weit sein können. Denn erst, wenn wir durch die Trauer hindurchgegangen sind, können wir innerlich Ja zur Veränderung sagen. Souverän zu sein, heißt nicht, gleichmütig auf die Wogen des Lebens zu reagieren, sondern auch schwierige oder ambivalente Gefühle in sein Leben integrieren zu können. Dass das ein emotionaler Prozess mit zahlreichen »ups and downs« ist, wissen zum Beispiel alle, die schon Trennungen hinter sich haben oder den Tod eines geliebten Menschen zu betrauern hatten. Abschied zu nehmen von etwas oder jemandem ist kein linearer Prozess: Es geht nicht konsequent und stetig bergauf, sondern immer mal hin und her, mal hoch und runter. Es liegt nicht immer in unserer Macht, diesen Prozess kognitiv zu steuern. Doch wenn wir unsere Gefühle ernst nehmen und achtsam mit uns umgehen, können wir diesen Prozess nicht nur gut überstehen, sondern daraus viele neue Erkenntnisse über uns selbst gewinnen. Seelische Lern- und Reifeprozesse brauchen einfach erstens Zeit und zweitens sehr viel Geduld. Geben Sie sich also Zeit für Ihren eigenen Veränderungsprozess und seien Sie geduldig mit sich!

Doch warum scheuen wir unsere eigenen Empfindungen eigentlich so oft? Was verlieren wir, wenn wir ehrlich durchleben, was wir fühlen? Natürlich fürchten wir die Wucht, mit der manchmal die Empfindungen über uns hineinbrechen. Wir fürchten uns davor, weil wir Angst haben, die Kontrolle über das Geschehen zu verlieren. Doch in Wirklichkeit verlieren wir nichts, wenn wir auf unsere Emotionen vertrauen und uns auf sie einlassen. Wir gewinnen nur. Es ist ein Zeichen von Authentizität und Reife, zu seinen Gefühlen stehen und sich mit ihnen voll und ganz annehmen zu können. Wenn wir es uns im leeren Nest bald wirklich gemütlich machen wollen, müssen wir erst mal diese ziemlich ungemütliche Zwischenphase überstehen.

Älter werden – na und? Wechseljahre als Weg zu sich selbst

Der weibliche Veränderungsprozess, der sich mit dem Loslassen der großen Kinder oftmals überschneidet, wird landläufig als »Wechseljahre« bezeichnet. Lange wurden die Wechseljahre auf die Tatsache reduziert, dass der weibliche Körper allmählich aufhört, Eizellen zu produzieren, und die Frau damit langsam, aber sicher aus der Fruchtbarkeit entlässt. Da in unserer Gesellschaft Jugendlichkeit ein hohes Gut ist, fällt es uns immer noch nicht ganz leicht, offen mit diesem Thema umzugehen. Die Angst, vielleicht nicht mehr attraktiv und begehrenswert zu sein, treibt Frauen in dieser Altersphase immer wieder mal um. Kein Wunder, dass viele Frauen mittleren Alters viel Geld für Kosmetik und schicke Klamotten ausgeben. Denn auch der Blick auf die schöne, erwachende junge Frau an unserer Seite, die unsere wunderbare Tochter ist, kann schon mal Trauer um unsere eigene verlorene Jugendlichkeit auslösen.

Doch der Prozess der Wechseljahre umfasst natürlich viel mehr als die sukzessive hormonelle Umstrukturierung des weiblichen Körpers. Es geht in dieser Phase vielmehr um eine komplette Rundumerneuerung: darum, eine innere Bestandsaufnahme vorzunehmen, reinen Tisch mit der Vergangenheit zu machen, sein Leben von überholten Glaubenssätzen und obsolet gewordenen moralischen Grundsätzen zu befreien und noch ein Stückchen näher an sich selbst heranzurücken. Neueren Forschungsergebnissen zufolge verändert sich in den Wechseljahren nicht nur der Hormonhaushalt, sondern auch das neuronale Muster unseres Gehirns. Die Devise heißt Umstrukturierung, auf allen Ebenen: im Gehirn, im Hormonhaushalt und im praktischen Leben. Und wie in der Pubertät könnte unsere derzeitiges Lebensmotto lauten: »Wegen Umbaus vorübergehend geschlossen.« Nur dass dieser Umbau natürlich auf einem anderen Reife-Niveau vor sich geht. Es geht gar nicht darum, plötzlich alles in meinem Leben verändern zu müssen, sondern darum, noch genauer hinzuschauen, was zu mir passt, was ich mir wünsche, wie ich leben will. Schließlich liegt möglicherweise weniger Lebenszeit vor mir als bereits hinter mir.

In den Wechseljahren zu sein, bedeutet also auch zu entrümpeln: Raus mit dem Kram, der nicht mehr in unser Leben passt. Das können alte Möbel, überholte Verhaltensweisen und unliebsam gewordene Freundschaften sein. Und gar nicht so selten muss sogar der eigene Ehemann dran glauben, wenn dieser sich nicht bereit zeigt, Sie interessiert und neugierig auf der neuen Reise zu sich selbst zu begleiten.

Frauen in den Wechseljahren gestatten sich oft erstmals, mal nach den eigenen Grundsätzen zu leben, nicht immer nur Rücksicht auf andere zu nehmen, die eigenen Interessen endlich mal in den Mittelpunkt des eigenen Lebens zu stellen. Die »heißen Zeiten« sind also durchaus eine Herausforderung mit vielen Chancen und gewissen Risiken.

Dabei mögen die mitunter auftretenden Begleiterscheinungen lästig sein, etwa wenn man im Job bei einer wichtigen Präsentation plötzlich von einer Hitzewelle überrollt wird. Oder wenn man das Gefühl hat, sich wegen plötzlich auftretender Migräne-Attacken und Schwindelanfällen nicht mehr hundertprozentig auf seinen Körper verlassen zu können.

Gerade in männerdominierten Branchen fühlen sich Frauen in den Wechseljahren manchmal einem wahren Spießrutenlauf ausgesetzt. Wer möchte schon dem Chef oder Kollegen den wahren Grund für den riesigen Schweißfleck unter dem Arm, das plötzlich krebsrot angelaufene Gesicht oder den hektisch ausgezogenen Pullover unter die Nase reiben. Und spätestens, wenn der rettende Fächer zum Einsatz kommt, hat frau sich ohnehin längst geoutet. Glücklich ist dann diejenige, die Kollegen hat, die sich einen dummen Spruch auch mal verkneifen können.

Es ist schade, dass das Thema Wechseljahre in der Öffentlichkeit immer noch so wenig aufgegriffen wird, obwohl sich glücklicherweise langsam eine Trendwende abzeichnet. Dass das ZDF 2010 Doris Dörries nette Klamauk-Serie »Klimawechsel« rund um die Wechseljahre sendete, ist ein deutlicher Schritt in Richtung Enttabuisierung, zumal sich die Serie als wahrer Quotenhit entpuppte und von vielen Frauen mit großem Vergnügen gesehen wurde.

Auch scheint das Thema mittlerweile Talk-Show-affin geworden zu sein: Hier sind es wieder mal die Frauen, die mutig voranschreiten und selbstironisch und selbstbewusst vor die Kamera treten, wie etwa die Schauspielerin Katerina Jacob, die bei Markus Lanz offenherzig bekannte: »Meine erste Hitzewallung hab ich im Supermarkt gekriegt. Das war fürchterlich peinlich! Ich bin wie eine Bekloppte zur Tiefkühltruhe gerannt und habe mir zwei Tiefkühlhähnchen links und rechts an die

Schläfe gehalten.« Und sie plaudert noch weiter aus dem Nähkästchen: »Ich gehe nie wieder mit meiner Tochter aus«, ereifert sich Jacob. »Das ist das Frustrierendste, was es gibt.« Schließlich blieben alle Männeraugen an der Jüngeren hängen! Auf dieses Erlebnis könne sie gerne verzichten.

Auch in Zeitschriften äußern sich immer mehr Frauen zu ihrem bewussten Umgang mit dem »Älterwerden«. Was sie zu erzählen haben, ist alles andere als ein lautstarkes Jammerkonzert über Fältchen, Schweißausbrüche oder Fettpölsterchen. Es sind vielmehr sehr interessante Berichte über bedeutsame individuelle Entwicklungsschübe. So erzählt beispielsweise die 54-jährige Andrea:

»Obwohl die Hitzewallungen mir hin und wirder den Atem verschlugen, haben die Wechseljahre auch ein paar angenehme Seiten. Getrost an Tampon-Regalen vorbeischlendern zu können. Keine monatlichen Bauchkrämpfe mehr, wunderbar!
Ich fühle mich nicht mehr gezwungen, immer gut auszusehen und allen zu gefallen. Und ich habe nicht mehr das Gefühl, mich für meine Entscheidungen ständig rechtfertigen zu müssen. Ich kann auch besser meine Wut spüren als früher. Manchmal fühle ich aber auch eine innere Ruhe, die ich als jüngere Frau nicht kannte. Vieles erschien mir damals dramatischer. Ich habe einen klareren Blick auf Geschehnisse entwickelt und bin insgesamt einfach viel gelassener geworden.«

Oft führt das Bewusstsein darüber, dass man älter wird, zu einem klareren Blick auf sein Leben, die eigenen Bedürfnisse und sich selbst. Warum sich mit unbefriedigenden Beziehungen und Freundschaften belasten? Warum nicht endlich das tun, was man schon immer tun wollte? Viele Frauen in den Wechseljahren erreichen eine neue Stufe der Authentizität und Lebendigkeit, die sie zu interessanten Gesprächspartnern machen, von denen man sich eine Menge abschauen kann.

Na, wenn das keine rosigen Aussichten sind!

Mutig in die Krise. Und mit neuem Selbst-Bewusstsein wieder heraus

Wenn Sie in der schwierigen Situation stecken, das Alte abschließen und etwas Neues beginnen zu wollen, so birgt das zahlreiche emotionale Unwägbarkeiten und ist mit Irritationen verbunden. Doch dieser Weg führt unweigerlich zu einem neuen Selbst-Bewusstsein, also ein Bewusstsein über das, wer wir jetzt sind, was wir wollen und was wir brauchen. Um das zu entwickeln, ist ein bisschen Selbsterfahrung ebenso nötig wie die Fähigkeit, freundlich mit sich selbst umgehen zu können. Die folgenden Hinweise könnten dafür hilfreich sein, sich für diese Entwicklung seelisch gut zu polstern:

Tipp: 10 Haltungen, die helfen können, die Krise zu bewältigen

1. Gehen Sie gut mit sich um und seien Sie geduldig mit sich
Besonders, wenn Sie sich verloren oder schlecht fühlen, Ihre Kinder oder Ihr altes Leben schrecklich vermissen und Sie gar keine Lust haben, sich mit diesen ganzen Veränderungen zu beschäftigen: Seien Sie lieb zu sich. Tun Sie sich bewusst etwas Gutes, zünden Sie sich eine Kerze an, kuscheln Sie sich in eine Decke oder trösten Sie sich mit einem warmen Wannenbad: Alles, was Ihnen gut tut, ist jetzt willkommen. Auch wenn es sich anfühlt, als seien wir gerade mal fünf Jahre alt und von Mamas Schoß geschickt worden: Es ist okay, sich klein und verletzbar zu fühlen. Wichtig ist zu wissen, wo ich mental »andocken« kann: Bei meinem Mann, bei einer Freundin? Wenn Ihnen so schnell nichts einfällt, was Ihnen gut tut, dann gehen Sie auf die Suche: Singen? Tanzen? Spazierengehen?

2. Folgen Sie Ihren Impulsen. Wenigstens manchmal
Wenn Sie wütend sind (was zum Trauern ja durchaus dazugehört): Schlagen Sie auf ein Kissen und schreien Sie Ihre Wut heraus! Es muss ja niemand anderes mitbekommen. Folgen Sie Ihren inneren Impulsen, auch wenn Ihnen das zunächst merkwürdig und ungewohnt vorkommt. Es kann sehr befreiend sein, auf unkonventionelle Art seinen Gefühlen Ausdruck zu verleihen. Nur andere Menschen sollten dazu bitte nicht »benutzt« werden.

3. Suchen Sie sich einen Gegenstand, der Ihnen Kraft gibt
Manchmal hilft ein kleiner Talisman über schwere Minuten oder Stunden hinweg, vor allem, wenn man gerade keine Zeit hat, sich mal kurz heulend auf die Toilette zurückzuziehen. Das kann ein symbolischer Gegenstand sein, etwa ein Stein oder eine Figur, den man in der Schreibtischschublade oder in der Hosentasche griffbereit hält. Es kann aber auch einfach ein Schmuckstück sein, ein altes

Familienfoto oder ein kleiner Plüschteddy: Hauptsache, der Gegenstand bedeutet Ihnen etwas und findet Platz in Ihrer Handtasche. Überlegen Sie einen Satz oder ein Wort, den Ihr Talisman symbolisiert: Kraft, innere Ruhe, Selbstbewusstsein, »Du kannst stolz auf dich sein«, »Du darfst traurig sein« oder »Alles wird gut«. Welchen Begriff oder Satz auch immer Sie sich aussuchen: Er sollte Sie berühren, Ihnen innerlich gut tun und Sie keineswegs unter Druck setzen. Sätze wie »Stell dich nicht so an«, »Reiß dich zusammen« oder »Andere haben das ja auch geschafft« sollten Sie aus Ihrem Gedankenrepertoire ab sofort verbannen.

4. Finden Sie hilfreiche Weggefährt(inn)en

Suchen Sie sich jemanden, der Ihnen gut tut, bei dem Sie sich wohl und geborgen fühlen. Vertrauen Sie sich diesem lieben Menschen an und lassen Sie sich trösten.

Wenn Sie aktuell niemanden haben, der dafür in Frage zu kommen scheint, dann suchen Sie doch eine Selbsthilfegruppe auf oder gehen Sie zu einer Beratung. Manchmal braucht man eine bestimmte Form von Unterstützung und Begleitung, die »normale« Freundinnen nicht leisten können.

5. Gehen Sie Menschen aus dem Weg, die Sie anders haben wollen, als Sie sind

Meiden Sie hingegen bewusst Menschen, die Ihnen das Gefühl vermitteln, nicht so sein zu dürfen, wie Sie gerade sind. Manche Menschen haben Angst vor heftigen Gefühlen, weil es bei ihnen zu viele eigene Gefühle hochkommen lässt, die sie nicht spüren wollen. Sie neigen dann dazu, zu rationalisieren oder sich mit Floskeln das Problem vom Hals zu halten. Aber Sprüche wie »Die Zeit heilt alle Wunden« oder »Ach, das wird schon« bieten keinen wirklichen Trost.

Andere Menschen wiederum können sich schlecht einfühlen oder sind selbst zu beschäftigt oder zu belastet, um sich auf Ihre Gefühlslage einzulassen. Das ist auch in Ordnung so. Nur: Brauchen Sie dann gerade jetzt deren Gesellschaft?

6. Prüfen Sie Ihre Freundschaften

Gerade jetzt beweist sich, wie tragfähig Ihre Freundschaften sind. Halten sie diese Krise aus? Sind Ihre Freundinnen bereit, Sie zu unterstützen oder in Ruhe zu lassen, je nachdem, was Sie gerade brauchen? Können sie gut zuhören und Ihnen Kraft geben? Oder erweisen sie sich als ungeduldig, mental abwesend oder gar abwertend? Es ist kein Wunder, dass einige vermeintlich »ewig« haltende Freundschaften in kritischen Lebensphasen wegbrechen, stattdessen aber oft neue hinzugewonnen werden. Auch das gehört zu diesem Häutungsprozess: Wenn wir uns weiterentwickeln, müssen wir manche Menschen und Gewohnheiten hinter uns lassen, damit das Neue, Passendere Platz finden kann.

7. Werten Sie körperliche Symptome als wichtige Zeichen
Natürlich kann diese »Leeres-Nest«-Krise sehr milde ausfallen. Oder kurz und heftig sein. Sie kann auch ganz ausbleiben. Es gibt auch Frauen, die sie einfach erfolgreich verdrängen und weiterhin so tun, als sei nichts geschehen und ihr Leben plätschere scheinbar wie immer einfach so weiter vor sich hin. Das sind oft Frauen, die sehr früh gelernt haben, gut zu funktionieren, die eigenen Bedürfnisse immer hinter die der anderen zu stellen und stets elegant über ihre eigenen Gefühle hinwegzugehen.

Doch gerade Frauen, die lange auf diese Weise an sich vorbeigelebt haben, erwischt es in dieser Lebensphase manchmal besonders heftig, zumal ja auch gleichzeitig die Wechseljahre an die Haustür klopfen: Hier will jemand endlich gesehen werden. Und dieser Jemand ist niemand Geringeres als das eigene Selbst. Es meldet sich dann schon mal in Form von depressiven Verstimmungen oder psychosomatischen Beschwerden wie Kopfschmerzen, Rückenschmerzen, Schlafstörungen oder Unterleibsbeschwerden. Auch wenn ich nicht zu esoterischen Interpretationen von Krankheitssymptomen neige, kann sich »frau« durchaus mal überlegen, warum ausgerechnet jetzt ein bestimmtes Symptom auftritt:

- Bei Kopfschmerzen: Was bereitet mir Kopfzerbrechen?
- Bei Nacken- oder Rückenbeschwerden: Welche Last muss ich tragen, die mir langsam zu viel wird?
- Bei Schlafstörungen: Was macht mich innerlich so unruhig? Was ist es, das mich so umtreibt?
- Bei Unterleibsbeschwerden: Wie ist mein Verhältnis zu meiner Weiblichkeit?

8. Ziehen Sie Bilanz: Was hab ich schon erreicht?

Alle Symptome, die uns in dieser Übergangszeit begegnen – ob psychische oder physische –, zwingen uns auf eine bestimmte Weise, uns mehr mit uns selbst auseinanderzusetzen, uns auf uns selbst zu besinnen. Diese Chance sollten wir unbedingt nutzen. Dazu gehört unbedingt, eine Art innere Bestandsaufnahme zu machen, ein vorläufiges Lebens-Resümee zu ziehen.

Dabei könnten Ihnen folgende Fragen helfen (beantworten Sie diese Fragen bitte schriftlich und möglichst spontan – je länger sie überlegen, desto schneller schaltet sich unser innerer Zensor ein. Damit bringen wir uns mitunter um wichtige Erkenntnisse):

- Was habe ich alles geschafft?
  - beruflich
  - privat
- Was habe ich von dem erreicht, was ich erreichen wollte?
- Worauf bin ich richtig stolz?
- Was ist mir nicht gelungen, woran bin ich gescheitert? Kann ich mir/dem Schicksal das verzeihen?
- Von welchen Ideen muss ich mich endgültig verabschieden?

Wenn Sie diese Fragen innerlich bewegen, befinden Sie sich schon mitten im Neuorientierungsprozess. Ist Ihnen etwas klar geworden, das Ihnen vorher noch nicht so klar war? Was ist das Wichtigste daran? Hat Sie etwas besonders überrascht oder gefreut?

9. Werfen Sie einen Blick in die Zukunft: Was will ich heute? Was soll noch kommen?

Nach diesem Rückblick in die Vergangenheit gilt es, eine Momentaufnahme zu machen und einen Blick in die Zukunft zu wagen – und zwar so, wie wir sie uns wünschen: Wo liegen unsere Ziele? Wo liegen Potenziale brach? Was will ich unbedingt noch erleben?

Wenn Sie das herausfinden wollen, könnten folgende Fragen interessant sein (auch hier gilt: Antworten Sie am besten schriftlich und möglichst spontan, damit unserer innerer Kritiker gar nicht erst zu Wort kommt):

- Was gefällt mir an mir? Was kann ich besonders gut? (Schreiben Sie jeweils mindestens 10 Punkte auf!)
- Welche Fähigkeiten möchte ich unbedingt ausbauen?

- Was ist mir in meinem jetzigen Leben sehr wichtig? Worauf lege ich besonderen Wert?
- Welche Menschen in meinem Leben tun mir gut?
- Welche Freundschaften oder Bekanntschaften tun mir nicht gut oder sind belastend?
- Will ich mich von bestimmten Dingen trennen? Von welchen?
- Gibt es Menschen, die weniger Einfluss in meinem Leben haben sollten? Wie kann ich das hinbekommen?
- Was war mir früher wichtig, aber jetzt nicht mehr so?
- Was ist mir stattdessen heute wichtiger als früher?
- Was macht mich (heute) glücklich? Wie kann ich dafür sorgen, dass ich mehr davon bekomme?
- Was nervt, stresst oder belastet mich stark?
- Kann ich das, was nervt, stresst oder mich belastet, irgendwie ausschalten oder zumindest so gestalten, dass es mich weniger nervt/stresst/belastet?
- Worauf habe ich in meinem Leben oft verzichtet? Möchte ich darauf weiterhin verzichten? Oder will ich mir endlich gestatten, das zu bekommen, auf was ich so lange verzichtet habe?
- Was kann/soll so bleiben, wie es ist?
- Was stärkt mich in meinem Leben, was tut mir besonders gut?
- Was will ich noch erreichen? Was will ich dafür verändern?
- Habe ich noch einen Traum, den ich unbedingt verwirklichen will? Welchen ersten Schritt kann ich heute gehen, damit dieser Traum in Erfüllung geht?

10. Überprüfen Sie alte Glaubenssätze und modifizieren Sie diese gegebenenfalls

Außerdem sollten Sie unbedingt einen Blick auf Ihre bisher gültigen Glaubenssätze werfen. Glaubenssätze sind grundsätzliche Annahmen über Verhaltensweisen und deren Folgen, die oft sehr früh im Zusammenleben mit unseren Eltern entstanden sind und unser Leben stark prägen. Oft sind uns diese Glaubenssätze gar nicht bewusst, und nur selten überprüfen wir, ob diese Annahmen überhaupt stimmen.

Häufige Glaubenssätze sind z. B.:

- »Ich bin nur liebenswert, wenn ich eine gute Leistung zeige und die Erwartungen der anderen erfülle.«

- »Wenn ich mich zeige, wie ich wirklich bin, mag mich keiner mehr.«
- »Ich bin ein guter Mensch, wenn ich meine Bedürfnisse zurückstelle und nicht zu lautstark meine Interessen äußere.«

Wie lauten Ihre Glaubenssätze? Schreiben Sie mindesten 5 auf.

Lassen Sie sie auf sich wirken. Sind diese für Ihr aktuelles Leben sinnvoll? Wollen Sie sie verändern oder ganz streichen? Dann tun sie das. Formulieren Sie Ihre alten Glaubenssätze so um, dass sie zu Ihrem jetzigen Entwicklungsstadium passen. Oder formulieren Sie neue. Wenn Sie mögen, schreiben Sie Ihre neuen Glaubenssätze auf Zettelchen und heften Sie diese an Ihren Schreibtisch, Spiegel oder Kühlschrank – damit Sie immer wieder daran erinnert werden, dass Sie ab nun anders mit sich umgehen wollen. Beispiele:

- »Ich bin liebenswert, auch wenn ich mich schwach und klein fühle.«
- »Ich darf wütend sein, wenn ich mich ungerecht behandelt fühle.«
- »Ich darf mich um mich selber kümmern und meine Bedürfnisse ernst nehmen, ohne ein schlechtes Gewissen haben zu müssen.«

Solche schlichten Umdeutungen können unser Denken nachhaltig verändern und unsere Energien neu fließen lassen.

Kreativ durch die Krise!

Es ist kein Wunder, dass viele Prominente Bücher über ihre durchgemachten Krisen schreiben. Wenn man sich schon mit diesen lästigen Problemen und Gefühlen auseinandersetzen muss, weil einem das eigene Selbst einfach keine andere Wahl lässt, dann wenigstens richtig! Und warum dann diese wichtigen Erfahrungen nicht auch in kreativer Form verarbeiten?

Viele Frauen fangen in dieser Lebensphase auch an zu malen, Yoga zu machen oder zu meditieren, intensiver in die Natur zu gehen oder sich mit Literatur zu beschäftigen, in einen Chor einzutreten oder ein Ehrenamt aufzunehmen. Nahezu intuitiv geben sie endlich einem Bedürfnis nach, dass sie schon lange in sich gespürt, aber ebenso lange hartnäckig ignoriert haben. Sie begeben sich damit auch ein bisschen weiter auf den Weg zu sich selbst – manche erstmals im Leben, nachdem sie immer versucht haben, zunächst eine gute Tochter, dann eine gute Ehefrau, eine gute Geliebte, eine gute Mutter, eine gute Berufstätige zu sein. Und vor lauter Versuchen, es allen Recht zu machen und alles unter einen Hut zu bekommen, keine Zeit mehr für sich selber hatten.

Tipp: Schreiben Sie doch Ihr eigenes Buch

Schreiben Sie doch auch ein Buch! Und wenn es »nur« ein Tagebuch ist oder Notizen auf einem Skizzenblock sind. Sie müssen es ja niemandem zu lesen geben. Aber wenn Sie das Büchlein später wieder zur Hand nehmen, werden Sie überrascht sein, wie viel Treffendes und Kluges Sie in dieser schwierigen Zeit formulieren konnten. Nicht umsonst werden die Wechseljahre auch als Übergang zu den »Jahren der Weisheit« genannt.

Bei größeren Krisen: Was tun bei Ängsten und Depressionen?

Wenn Sie das Gefühl haben, dass der (drohende) Auszug Ihres Kindes bei Ihnen dauerhaft oder wiederholt heftige Krisen auslöst, die Sie kaum alleine bewältigen können, wenn Sie oft verzweifelt sind, ohne genau zu wissen warum, oder wenn Sie sich in plötzlichen, vorher nie gekannten Angstzuständen wiederfinden, suchen Sie sich bitte eine Beraterin oder Psychotherapeutin, die Sie sympathisch finden und zu der Sie Vertrauen haben können. Denn, wie schon erwähnt: Der Auszug der Kinder in Kombination mit den Wechseljahren kann ganz alte innere Konflikte aus der eigenen Kindheit hochspülen, die lange gut unter Verschluss geblieben waren. Für die Bearbeitung dieser »alten« Themen kann eine professionelle Unterstützung sehr hilfreich sein.

Und seien Sie getrost: Es ist immer ein Zeichen einer gewissen Reife, wenn bestimmte, lange verdrängte Konflikte an die Oberfläche drängen. Erst, wenn die Psyche stark genug ist, diese schweren Themen verarbeiten zu können, kommen sie auch ans Licht. Das ist unter anderem ein Grund, warum Erlebnisse von (sexueller) Gewalt in der Kindheit von den Betroffenen oft erst nach mehreren Jahrzehnten angesprochen werden können. Gehen Sie also getrost davon aus, dass Sie mithilfe einer guten Therapie Ihre Depressionen oder Ängste bearbeiten und sukzessive auflösen können. Je schneller Sie Hilfe annehmen, desto besser!

Die Liebe wiederentdecken: Glücklich zu zweit allein

Die Schrumpfung von der Familie zum Ehepaar kann als große Befreiung erlebt werden: Endlich wieder hemmungsloser Sex, wann und wo und so laut wir wollen! Endlich mal wieder exotisch kochen, was die Kinder nicht mochten, oder einfach einen ganzen Tag im Bett bleiben. Endlich kein Vorbild mehr sein müssen und sich nur noch zu zweit einigen müssen, wer wann was im Haushalt erledigt. Welch fantastische Aussicht! Stundenlange ungestörte kuschelige Abende mit einem Gläschen Rotwein vor dem Kamin oder Fernseher. Nur noch schnell die romantische Wochenendreise geplant und dann rein ins wunderschöne Paarleben ohne Kinder!

Naja. Wäre da nicht der Rücken, der Sex auf dem Küchentisch mittlerweile vielleicht doch nicht mehr so gut verträgt wie noch vor 20 Jahren. Oder diese lästigen Abendtermine des Gatten, der seine Karriere immer noch weiter vorantreiben muss, ohne auch nur einmal an die Partnerin zu Hause zu denken. Und überhaupt: Bleibt nicht der Haushalt ohnehin immer an mir hängen? Was soll sich da schon ändern, nach 20 Jahren Ehe oder Partnerschaft?

In der Tat ist keine Ehephase eine so heikle wie die, in der die Triade wieder zu einer Dyade zusammenschnurrt. Die meisten Ehen werden genau in dieser Zeit geschieden, kurz nachdem die Kinder aus dem Hause gegangen sind. Klar: Die Kinder haben lange Jahre für den inneren Zusammenhalt der Familie gesorgt; ihre Versorgung und Erziehung hat das Paar als Elternpaar zusammengeschweißt. Diese wichtige, anstrengende und hoch komplexe Aufgabe ist nun erfolgreich erledigt.

Bleiben Fragen wie: Was verbindet uns noch miteinander? Was interessiert uns aneinander, was möchten wir als Paar noch gemeinsam erleben? Was müssen wir, was können wir nun ändern?

Angesichts oftmals langjähriger eingeschliffener Alltags-Routine, nachlassendem sexuellen Interesse und mangelnden Gesprächsstoffs bleibt manchmal leider nicht mehr viel übrig. Manche Frauen wissen schon jetzt: Mein Soll ist erfüllt, ich bin nicht länger mehr bereit, mich weiterhin dieser ehelichen Langeweile auszusetzen. Diese Frauen haben schon lange innerlich die Beziehung aufgekündigt und resigniert. Sie sind »wegen der Kinder geblieben« und sehen nun endlich die Möglichkeit, sich aus dem unliebsam gewordenen Korsett der Ehe zu befreien, ohne ein allzu schlechtes Gewissen entwickeln zu müssen.

Andere Frauen wiederum bemühen sich redlich, ihre eingeschlafene Partnerschaft wiederzubeleben, müssen aber leider feststellen, dass der Mann an ihrer Seite keine große Lust hat, an der Beziehung zu arbeiten, und stattdessen lieber alles weiter in den alten Bahnen laufen lassen möchte. Frauen, die nun durch die Veränderungen mehr und mehr zu sich selbst finden und merken, dass ihr Partner dabei eher ein Hindernis denn ein unterstützender Begleiter ihres intensiven Reifungsprozesses ist, nehmen dann auch manchmal Abschied. Auch sie wollen nicht länger in Kauf nehmen, an der Seite von Mister X emotional zu verhungern. Sie wollen reifen und wachsen und sich daran von einem männlichen Wesen nicht hindern lassen. Einige Frauen nehmen so selbstbewusst den Status des Singles an und genießen es, selbstbestimmt allein zu leben. Manche stürzen sich in leidenschaftliche Affären, andere wiederum suchen einen neuen, verständnisvolleren oder passenderen Partner.

Doch auch viele »Best ager«-Ehemänner sehen keinen Sinn mehr darin, eine als unbefriedigend erlebte Ehe aufrechtzuerhalten, wenn die Kinder flügge geworden sind. Der Klassiker, dass sich der nicht mehr ganz taufrische Ehemann eine jüngere Geliebte zulegt, ist für Ehefrauen in den Wechseljahren dann ein doppelt bitterer Schlag.

Doch es gibt mittlerweile erfreulicherweise auch einen neuen Trend: Immer mehr Männer zeigen sich bereit, für ihre Ehe zu kämpfen, auch in Beratungssettings. Die Botschaft, dass auch Männer ihren Beitrag zum Gelingen einer dauerhaften Partnerschaft leisten müssen, ist erfreulicherweise mittlerweile auch zu ihnen durchgedrungen. Meistens kommen sie zunächst ihrer Frau zuliebe, die »irgendwie« nicht mehr zufrieden zu sein scheint, was bei ihnen Ratlosigkeit auslöst. Später denn entwickeln sie im Rahmen der Beratung durchaus eigene Anliegen und Wünsche, die sie in der Therapie bearbeiten wollen.

Beziehungs-Inventur: Was muss raus, was bleibt, was kommt dazu?

Wenn die Kinder aus dem Haus sind, gehört es zu den wichtigsten Aufgabe des Paares, miteinander eine Art Bestandsaufnahme zu machen: Wo stehen wir? Was haben wir schon geschafft? Was wollen wir noch miteinander erleben? Die folgenden Fragen und Anregungen könnten Sie dazu nutzen, über den derzeitigen Stand der Beziehung ins Gespräch zu kommen.

1. Sich gegenseitig spiegeln: Wie siehst du mich? Wie sehe ich dich?

»Wer bin ich eigentlich für dich? Wie siehst du mich und was bedeute ich dir?« – das sind zentrale Fragen für Partner, die sich durch die alltägliche Geschäftigkeit möglicherweise ein bisschen aus den Augen verloren haben. Versuchen Sie sich gegenseitig zu spiegeln: »Was sehe ich, wenn ich dich sehe? Wie siehst du mich, wenn du mich ansiehst?« Dabei geht es natürlich nicht nur um das Äußere, sondern besonders auch um die wechselseitige Wahrnehmung von Eigenschaften, Stimmungen und Verhaltensweisen.

2. Spüren Sie Ihre Rollen auf

Gerade wenn Ihre Beziehung schon länger besteht, haben sich Ihre Beziehungsrollen vielleicht schon so verfestigt, dass sie Ihnen kaum noch bewusst sind. Fragen Sie sich und Ihren Partner:

- Welche Rolle spiele ich/spielst du in unserer Beziehung (»Der Fels in der Brandung«, »die Fröhliche«, »der Mutmacher«, »der Bittsteller«, »die Schimpfende«, die Tröstende« usw.) ?
- Seit wann sind diese Rollen in Ihrer Beziehung so verteilt? Sind Sie zufrieden damit?
- Möchten Sie/möchte Ihr Partner diese Rolle beibehalten?
- Was sind die Vorteile dieser Rolle (»Ich fühle mich stark/wichtig«)?
- Was für Nachteile gibt es (»Ich darf nie schwach sein«)?

3. Machen Sie sich Ihre Beziehungsmuster klar

In jeder Beziehung spielen sich mit der Zeit bestimmte Rituale und Muster ein. Manche sind sinnvoll und passend, manche nerven oder sind nach einer Weile eher hinderlich denn passend für das aktuelle Paar-Leben. Prüfen Sie doch einmal bei Gelegenheit, wie diese Muster bei Ihnen aussehen. Ergänzen Sie möglichst spontan folgende Satzanfänge:

- Immer muss ich für dich …
- Damit unsere Beziehung gut funktioniert, muss ich oft …
- Wenn ich mit dir Streit haben möchte, brauche ich nur …
- Wenn du wütend auf mich bist, fühle ich mich oft ….
- Nähe zu dir herzustellen geht am besten, indem ich …
- Ich werde ärgerlich, wenn du …
- Es macht mich traurig, dass du …
- Ich fühle mich besonders zu dir hingezogen, wenn du …
- Ich habe keine Lust mehr, dir immer …
- Ich sehne mich danach, dass du …

Was fällt Ihnen auf? Überrascht Sie etwas besonders? Kommen Sie mit Ihrem Partner über diese Verhaltensmuster ins Gespräch und überlegen Sie, was Ihnen daran gefällt und was Sie gerne ändern würden.

Gehen Sie aber bitte nicht davon aus, dass sich solche eingespielten Muster schnell verändern lassen. Vielmehr bringen Sie einen Prozess in Gang, der über Monate gehen kann. Wir Menschen sind Gewohnheitstiere: Es fällt uns oft schwer, aus altbekannten Mustern auszusteigen. Seien Sie hier geduldig mit sich und Ihrem Partner. Versuchen Sie, gelassen zu bleiben und alle kleineren Rückfälle mit Humor zu tragen.

4. Was haben wir schon alles geschafft?

Nehmen Sie sich einen Abend Zeit und sprechen Sie nur über das, was Ihnen als Paar schon alles gelungen ist:

- Welche Beziehungskrisen haben wir schon überstanden?
- Welche Missverständnisse haben wir geklärt?
- Was ist uns in der Kindererziehung besonders gut gelungen?
- Welche Probleme haben wir schon gemeinsam gelöst?
- Welche Durststrecken haben wir überstanden?
- Welche ungünstigen Verhaltens- und Beziehungsmuster haben wir schon verändert?
- Welche Krankheiten haben wir gemeinsam überwunden? Wer hat hier wem wie geholfen? Was war besonders hilfreich daran?
- Worauf sind wir als Paar besonders stolz?

Genießen Sie diese Erfolge und lassen Sie sich von ihnen berühren. Viel zu selten machen wir uns klar, was wir alles schon miteinander geschafft und gemeinsam erreicht haben, obwohl dies eine wichtige Ressource für unsere Partnerschaft ist.

5. Was tut uns gut? Sich als Paar stärken

Ein besonderes Liebeselixier ist, es sich als Paar gemeinsam gut gehen zu lassen. Doch was einem Paar gut tut, was es stärkt und stützt, ist sehr unterschiedlich. Manche Paare haben gemeinsame Hobbys oder einen großen gemeinsamen Bekanntenkreis. Manche fahren gerne zusammen in die Berge oder ans Meer, andere wiederum gehen gerne essen oder ins Konzert. Was auch immer Ihnen gut tut und Ihre Paarbeziehung stärkt: Tun Sie es! Das könnte sein:

- gemeinsame schöne Urlaube oder Feste organisieren,
- wieder öfter Freunde einladen,

- Plätze besuchen, die für Ihre Liebe bedeutsam sind: der Ort, an dem Sie sich das erste Mal geküsst haben; ein Ort, an dem Sie sich beide geborgen fühlen und Kraft tanken können usw.,
- gemeinsame Hobbys anfangen, etwa einen Tanzkurs oder einen Sprachkurs belegen, miteinander Sport treiben, wandern gehen, in einen Chor eintreten,
- sich gemeinsam ehrenamtlich engagieren,
- sich gemeinsam um ein Haustier kümmern, etc.

6. Momentaufnahme: Wie geht es uns jetzt?

Es ist sicher auch wichtig, miteinander ins Gespräch zu kommen, was die aktuellen Veränderungen für uns jeweils bedeuten:

- Wie erleben wir die Situation jetzt? Wie geht es dir mit dem Auszug des Kindes? Wie geht es mir? Was hilft dir dabei, die Situation zu bewältigen, was könnte mir helfen?
- Was bedeutet es für uns als Paar, jetzt ohne Kinder im Haus zu leben?
- Wie fühlt es sich jetzt für uns beide an, so allein im Nest zu sein? Was macht Spaß, was fühlt sich gut, was macht Angst?
- Was wollen wir als nächstes tun, um unseren neuen Lebensabschnitt gemeinsam anzupacken (Zimmer umräumen, essen gehen, Sekt trinken, eine Feier organisieren …)?
- Können wir uns selbst und uns gegenseitig anerkennen, dass wir gute erzieherische Arbeit geleistet haben? Können wir auch als Eltern stolz sein? Wie können wir uns gegenseitig zeigen, dass wir auch auf einander stolz sind?
- Wie geht es uns miteinander in dieser neuen Situation? Gehen wir behutsam miteinander um? Respektieren wir unsere unterschiedlichen Gefühle? Können wir uns gegenseitig stützen und Kraft geben?

7. Wie viel Nähe will ich? Wie viel Raum brauche ich für mich allein?

Die Tatsache, dass die Kinder nun aus dem Hause sind, bringt ein altes, aber sehr wichtiges Thema wieder zum Vorschein: Wie viel Nähe wollen wir miteinander leben, wie viel Raum braucht jeder für sich? Die Balance zu halten zwischen persönlicher Autonomie und Paar-Zeit ist nicht immer leicht. Jedes Paar muss das für sich immer wieder neu miteinander aushandeln und je nach Bedürfnislage, Familiensituation und Berufsleben immer wieder zu Veränderungen kommen.

Nun, da die Kinder weg sind, entsteht zwangsläufig mehr Raum. Doch wie wollen wir ihn nutzen? Besprechen Sie das miteinander. Es kann sein, dass Sie zunächst mehr und innigeren Kontakt zu Ihrem Mann brauchen, um sich gut erden zu können. Es kann aber auch sein, dass Sie sich lieber zurückziehen wollen und dann einen inneren (vielleicht auch äußeren) Raum benötigen, in dem Sie für sich sein können. Thematisieren Sie das, damit Ihr Mann weiß, was Sie gerade brauchen. Und umgekehrt: Fragen Sie Ihren Partner, wie es ihm gerade mit seinem Bedürfnis nach Nähe und Distanz geht. Das ist und bleibt ein immer relevantes Thema, auch und besonders für Paare in einer Umbruchphase.

8. Wie achtsam sind wir miteinander?

Eine wichtige Frage in einer Partnerschaft ist: Wie gehen wir miteinander um? Sind wir feinfühlig genug? Übersehen wir den anderen zurzeit oft, weil wir so stark mit uns selbst oder unserem Beruf beschäftigt sind? Nehmen wir Körpersignale und die Wünsche des anderen wahr oder neigen wir dazu, nicht richtig hinzuschauen?

Der Mangel an Achtsamkeit ist ein häufiger Grund für gegenseitige, manchmal sogar tiefe Kränkungen. Wer oft das Gefühl hat, nicht wirklich wahrgenommen oder sogar übersehen zu werden, zieht sich resigniert zurück oder fühlt sich nicht mehr geliebt. Ein bisschen mehr gegenseitige Achtsamkeit kann hier manchmal kleine Wunder wirken.

Achtsam zu sein heißt im Grunde nichts anderes, als seine Konzentration ganz auf das Hier und Jetzt zu lenken, einfach wahrzunehmen: Was ist jetzt? Was fühle ich? Was nehme ich wahr? Das ist in Zeiten der betriebsamen Geschäftigkeit und Alltagshektik zwar ziemlich ungewohnt, lässt sich mit etwas Übung aber wunderbar in den Alltag integrieren und kann dann zur wahren Kraftquelle nicht nur für den Einzelnen, sondern auch für Paare werden.

Achtsam zu sein, heißt auch, unangenehme Gefühle oder Stimmungen wahrzunehmen und einfach nur zu akzeptieren. Es geht nicht darum, alle erspürten Missstimmungen sofort aufzulösen oder wahrgenommene Erwartungen gleich zu erfüllen. Es geht einfach darum, für das, was sich gerade im eigenen Körper, in der eigenen Seele, in meinem Gegenüber oder im Raum abspielt, feinere Antennen zu entwickeln. Das macht uns sensibler für uns selbst und auch für andere Menschen.

Versuchen Sie also, achtsamer mit sich und Ihrem Partner umzugehen:

- Was nehmen Sie wahr?
- Wann fällt es Ihnen leicht, achtsam zu sein, wann schwerer?

- Können Sie mit Ihrem Partner über Ihre Wahrnehmungen ins Gespräch kommen?
- Haben Sie das Gefühl, von Ihrem Partner (ab und zu) wirklich wahrgenommen zu werden? Wenn nicht, könnten Sie Ihren Partner freundlich darauf aufmerksam machen?

9. Sexualität (wiederbe)leben

In älteren Beziehungen, die der Alltag und das anstrengende Familienleben etwas abgeschliffen zu haben scheint, liegt manchmal die Sexualität brach. Die leidenschaftlichen Zeiten der ersten Jahre sind vorbei, die Erschöpfung macht sich auch im Bett breit, und irgendwie findet man keine Zeit mehr füreinander. Das ist insofern schade, als Paar- und Sexualtherapeuten der Überzeugung sind, dass Sex intensiver und leidenschaftlicher wird, wenn wir eine gewisse menschliche Reife erlangt haben. So schreibt der US-amerikanische Paar- und Sexualtherapeuten David Schnarch: »Sinnerfüllte Sexualität beruht nicht auf physiologischen Reflexen, sondern setzt eine bestimmte Stufe der persönlichen Entwicklung voraus. Zwischen Zellulitis und leidenschaftlichem Sex besteht ein enger statistischer Zusammenhang.«[17] Er beobachtet in seiner sexualtherapeutischen Praxis, dass Männer und Frauen meistens erst ab 40plus in der Lage sind, sich in der leidenschaftlichen Begegnung wirklich offen zu zeigen und so einen bisher nie gekannten Grad der Intimität miteinander erreichen.

Trotzdem gibt es in langjährigen Beziehungen kaum einen Bereich, der so wenig bewusst gepflegt wird wie die Sexualität. »Wenn ich keine Lust mehr habe, dann ist das eben so«, heißt es dann lapidar. Oder: »So wichtig ist Sex ja nun auch wieder nicht.« Doch warum lassen so viele Paare es zu, dass ihre Sexualität eintönig wird oder sogar ganz einschläft?

Vielleicht ist es einfach Bequemlichkeit. Viele Paare akzeptieren klaglos einen Verlust von Libido und Leidenschaft, weil ihnen nicht klar ist, dass man Zärtlichkeit und Intimität pflegen muss. Oft spiegeln sich aber auch in der (nicht gemeinsam gelebten) Sexualität tiefer sitzende Beziehungskonflikte wieder. Erfahrungsgemäß gibt es nämlich bei sexlos miteinander lebenden Paaren fast immer zumindest einen, der den Sex eigentlich doch vermisst und unter diesem Verlust leidet. Hier gilt es genauer hinzuschauen: Wann haben wir aufgehört, uns sexuell füreinander zu interessieren? Von wem ging das aus? Wie hat der andere reagiert? Gab es eine Kränkung, auf die der andere mit Liebesentzug oder mit Verweigerung der Sexualität reagiert hat?

Ob und wie ein Paar seine Sexualität lebt und gestaltet, ist ein feiner Indikator für den Gesamtzustand der Beziehung. Dabei geht es weder um die Quantität noch um die praktizierten sexuellen Techniken, sondern vielmehr um den Grad der Intimität, den sie miteinander erleben: Sind die Partner miteinander vertraut und ehrlich umeinander bemüht? Können sie sich öffnen und auch in ihrer Verletzlichkeit und Bedürftigkeit zeigen? Gehen sie auf die Bedürfnisse des anderen ein, ohne sich dazu gedrängt zu fühlen? Wie lebendig gestaltet sich die Beziehung im Alltag und im Bett?

Wenn Sie das Gefühl haben, dass Ihre Sexualität eine deutliche Wiederbelebung bräuchte, kommen Sie wahrscheinlich nicht umhin, sich auch um den »Rest« Ihrer Beziehung zu kümmern. Fragen Sie sich daher einmal:

- Was finde ich an meinem Partner attraktiv?
- Was hat ihn für mich früher so reizvoll gemacht?
- Wie steht es um unsere Zärtlichkeit?
- Was liebe ich heute noch an ihm?
- Was sind unsere aktuellen Probleme?
- Fühle ich mich begehrt und »gemeint«?
- Begehre ich meinen Mann noch?
- Was stört mich aktuell am meisten an unserer Partnerschaft?
- Welche Veränderungen wünsche ich mir im sexuellen Bereich?

Das sind dann die Fragen, über die man nachdenken und miteinander ins Gespräch kommen könnte. Und danach am besten gleich ins Bett.

10. Offene Rechnungen begleichen

Wenn Sie das Gefühl haben, dass Sie sich in Ihrer Beziehung nicht mehr viel zu sagen haben oder immer wieder ähnliche, wenig erfreuliche Muster ablaufen, könnte ein kritischer Blick in die gemeinsame Vergangenheit weiterhelfen:

- Welche Konflikte haben wir noch nicht miteinander gelöst?
- Welche Probleme tauchen immer wieder auf?
- Worüber rege ich mich immer wieder auf, obwohl ich mich eigentlich daran gewöhnt haben müsste?
- Woran entzünden sich immer wieder Streitereien?
- Wo haben wir offene Rechnungen miteinander?
- Was haben wir einander noch nicht verziehen?

- Gibt es etwas, wofür ich bei meinem Partner um Entschuldigung bitten sollte?

Wenn Sie vorhaben, vielleicht auch den Rest des Lebens miteinander zu verbringen, ist es gut, nun die richtige Basis dafür zu bereiten. Dazu gehört unbedingt, Altlasten zu beseitigen und aktuelle Konflikte gezielt anzugehen. Dabei kann manchmal eine Paarberatung sinnvoll sein: Ein Berater oder Therapeut kann Sie dabei unterstützen, eingefahrene destruktive Muster zu erkennen und gegebenenfalls zu durchbrechen; in der Beratung oder Paartherapie können Ressourcen gefunden werden und eine Neubelebung der Beziehung kann in jeglicher Hinsicht stattfinden. Einzige Voraussetzungen dafür sind eine gewisse Neugier auf den Partner und die Bereitschaft, sich auf neue, ungewohnte Sichtweisen einzulassen.

Und was ist Ihr Traum? Gemeinsame Visionen entwickeln

Jetzt ist die richtige Zeit gekommen, Dinge zu tun, die Sie schon immer tun wollten, wegen der Kinder oder des allgemeinen hohen Stresslevels aber nicht tun konnten. Wie wäre es, nun endlich die schon immer erträumte Reise vorzubereiten, den lang gehegten Wunsch vom Wohnmobil zu realisieren oder gemeinsam einen gemeinnützigen Verein zu gründen? Aus gemeinsamen Visionen Pläne entstehen zu lassen, kann Partnerschaften wunderbar beleben. Nun, da das gemeinsame Projekt »Kindererziehung« erfolgreich abgeschlossen ist, kann ein neues entworfen werden. Also: Geraten Sie also ab sofort ins gemeinsame Träumen und Planen! Wie und wo wollen Sie in fünf Jahren miteinander leben? Fantasieren Sie fröhlich herum. Macht Spaß, stiftet Sinn und schweißt unglaublich zusammen.

Tipp: Lernen, besser zuzuhören und mehr von sich zu sprechen: Führen Sie Zwiegespräche

Wenn es Ihnen schwer fällt, miteinander ins Gespräch zu kommen oder Sie einfach aus der Übung sind, wenn Sie das Gefühl haben, dass der eine viel und der andere wenig redet, dann führen Sie bei sich zu Hause regelmäßig (etwa einmal pro Woche) Zwiegespräche ein.

Zwiegespräche laufen nach einem bestimmten Muster ab:

- Verabreden Sie sich an einem Abend/Nachmittag miteinander. Nehmen Sie sich etwa eine Stunde Zeit.
- Stellen Sie eine ruhige und vertraute Atmosphäre her, etwa mit einer Kerze und einem Tee oder einem Glas Wein.
- Stellen Sie sicher, dass Sie durch keinen Telefonanruf oder andere Störfaktoren unterbrochen werden können. Jetzt ist Paarzeit. Sonst nichts.
- Setzen Sie sich gegenüber, entweder auf den Boden oder an einem Tisch. Stellen Sie eine Uhr bereit oder sogar einen Wecker.
- Dann beginnt das Zwiegespräch, in dem einer von beiden 15 Minuten Zeit hat, sich alles von der Seele zu plaudern, was ihn gerade beschäftigt. Allerdings sollte die Person dabei immer nur *von sich selbst und ihren Gefühlen* sprechen. Der Partner hört einfach nur zu, ohne antworten zu dürfen.
- Nach 15 Minuten ist Wechsel: Dann erzählt der andere von sich und dem, was ihn gerade beschäftigt und der andere hört aufmerksam zu. Und dann geht es wieder von vorne los und jeder bekommt nochmals 15 Minuten Redezeit.
- Nach einer Stunde können Sie das Zwiegespräch beenden.
- Fangen Sie dann bitte nicht an, das Gehörte zu analysieren oder zu interpretieren, in Frage zu stellen oder zu kommentieren. Versuchen Sie, es einfach so im Raum stehen zu lassen. Unternehmen Sie stattdessen etwas miteinander. Kochen Sie gemeinsam oder gehen Sie ins Theater. Lassen Sie sacken, was Sie erfahren haben, und schauen Sie, was passiert.

Das Zwiegespräch sollte keineswegs dazu genutzt werden, sich endlich mal hemmungslos Vorwürfe an den Kopf zu werfen. In einem solchen Fall müssen Sie das Zwiegespräch beenden. Sollte Sie ein Thema, das Ihr Partner angesprochen hat, dauerhaft beschäftigen oder Sie gekränkt haben, können Sie darüber natürlich miteinander ins Gespräch kommen.

Trotzdem gilt: Lernen Sie, gut zuzuhören und das Gehörte stehen zu lassen. Und üben Sie sich darin, Ihrem Partner einfach nur zu erzählen, was Sie gerade beschäftigt – ohne zu erwarten, dass er Sie versteht oder tröstet.

Diese Gesprächsform mag anfangs etwas künstlich und unnatürlich anmuten. Sie schafft aber eine Atmosphäre, in der man sich gegenseitig Dinge mitteilen kann, die sonst womöglich ungesagt blieben. Das führt zu mehr gegenseitigem Verständnis und einer Vertiefung Ihrer Beziehung. Probieren Sie es aus, es lohnt sich.

6. Plötzlich Oma. Wie geht Großmuttersein?

Sie werden Oma? Herzlichen Glückwunsch! Welcome to the next level. Auch bei dieser wunderbaren Veränderung warten viele Freuden und einige Stolpersteine und Fettnäpfchen auf Sie, die Sie mit ein bisschen Geschick ganz sicher überwinden oder umgehen können.

Maximal neun Monate hat man Zeit, um sich an den Gedanken zu gewöhnen, dass die Tochter Mutter oder der Sohn Vater wird. Und dass man selbst damit zwangsläufig zur Oma mutiert – ob man dazu nun gerade Lust hat oder nicht. Keiner fragt Sie, ob Sie sich derzeit seelisch stabil genug fühlen, um Großmutter zu werden. Ob Sie überhaupt dazu bereit sind, sich mal wieder in eine völlig neue Rolle einzufinden. Vielleicht haben Sie gerade neue berufliche Ziele in Sinn, hochfliegende Weiterbildungspläne geschmiedet oder eine schöne Reise gebucht. Und vielleicht haben Sie auch gerade im Momente überhaupt keine Lust auf zusätzliche innerfamiliäre Verpflichtungen.

Vielleicht sehnen Sie sich aber auch schon eine ganze Weile nach Enkelkindern und können es kaum fassen, dass es nun endlich so weit sein soll. Manchmal sind die neuen Enkelkinder auch schon 5 oder 10 Jahre alt, wenn es sich um eine »Patchwork«-Konstellation handelt. Auch wenn es sich dann nicht um die leiblichen Enkel handelt, stellt sich die Frage: Was nun? Wie will ich diesen Kontakt gestalten? Welche innere Haltung bringe ich mit? Bin ich bereit, auch für diese Kinder eine Oma zu sein?

Oma zu werden heißt immer auch, sich damit zu befassen, was das jetzt für das eigene Leben bedeutet. Und es tauchen zwangsläufig Fragen auf wie: Bin ich jetzt alt? Darf ich noch kurze Jeans tragen oder ist das ab jetzt irgendwie unangemessen? Darf ich meine Erziehungsweisheiten ungehemmt weitertragen oder sind diese ab sofort antiquiert? Muss ich jetzt Knödel kochen und Söckchen stricken? Muss ich immer als Babysitterin zur Verfügung stehen? Und überhaupt: Was macht eine »gute Oma« eigentlich so den ganzen Tag?

Die Aussicht, bald Oma zu werden, kann beglückende oder irritierende Gefühl auslösen, oder beides gleichzeitig. Zunächst ist es jedenfalls ein völlig neues Lebensgefühl. Kein Wunder – es leitet ja auch eine völlig neue Ära ein. Eine wichtige Aufgabe in dieser Phase bedeutet: einen weiteren Reifungsprozess zu durchlaufen. Familientherapeut Willi Hasse fasst das folgendermaßen zusammen: »Das Alter bekommt durch das Großeltern-Dasein eine neue, sehr bedeutende Facette, die einerseits das Senioren-Dasein klar vor Augen führt, andererseits auch viel Neues und Lebendiges mit sich bringt.«[18]

Mit Freuden Oma zu werden, könnte also bedeuten, diesen weiteren Veränderungsprozess freundlich zu begrüßen und sich auf die neue Rolle einfach mal einzulassen. Manchmal heißt es aber auch, einige innere Hürden nehmen zu müssen. Und immer wieder genau zu überprüfen, wie ich mein Oma-Dasein gestalten möchte.

Junge Omas, alte Zöpfe: Was bedeutet es, heute Großeltern zu sein?

Omas von heute haben es gut. Vorbei die Zeiten, in denen die Oma schlohweißes Haar hatte und immer nur Marmorkuchen gebacken hat – wenn sie nicht gerade im Schaukelstuhl saß und ihren Enkeln Grimms Märchen vorlas. Wahrscheinlich ist diese weise und reichlich asexuelle Dame aus dem Bilderbuch ohnehin eher ein Klischee denn Realität. Natürlich waren auch früher nicht alle Omas selbstaufopfernd, klug und liebevoll. Jeder kennt auch schlimme Geschichten von strengen oder knickrigen Omas, bei denen man beim Essen nicht kleckern, geschweige denn laut schreiend im Wohnzimmer Indianer spielen durfte. Andere wiederum erzählen von Omas, die zum Leidwesen der Mutter das ganze Enkel-Verwöhnprogramm von Lieblingsessen bis zu stundenlangem Fernsehgucken gnadenlos durchzogen. Und dazwischen gab es schon immer jede Menge Großmutter-technische Variationsmöglichkeiten.

Die Oma von heute ist jedenfalls – wenn nicht unbedingt jahresmäßig, so doch mental – viel jünger und mobiler als früher. Das liegt daran, dass wir immer älter werden und einfach länger fit sind. Wir schmieden auch für unsere zweite Lebenshälfte noch tolle Pläne und gestalten unser Leben bewusster und eigenbestimmter denn je. Manchmal ist dann die Mitteilung »Mama, du wirst Oma« nicht sofort Grund für hemmungslose Freude und ausufernde Jubelschreie, sondern durchaus Auslöser ambivalenter Gefühle und so mancher unangenehmer Gedanken. So schreibt Birgit:

»Für mich kam die Ankündigung, mein erstes Enkelkind zu bekommen, zu früh. Ich hatte das Gefühl, noch mehr Zeit für mich zu brauchen. Mir war der Gedanke zu viel, noch ein Wesen zu haben, um das ich mich kümmern müsste und an dessen Schicksal ich beteiligt war.«

Gerade wenn Mütter über viele Jahre hinweg mehrere Kinder erzogen haben und nun endlich das Gefühl haben, sich intensiver um sich selber kümmern zu können, kann die Aussicht auf »noch mehr Kinderkram« erst mal ein bisschen lästig erscheinen. Gerade hatte man sich gemütlich in der neuen Freiheit eingerichtet, und nun sieht man sich wieder mit lauter Fragen in Sachen Familienangelegenheiten und Erziehung konfrontiert.

Und auch Männer sind nicht immer gleichermaßen sofort begeistert von der Aussicht, zum Opa gemacht zu werden. So berichtet auch Martin von zwiespältigen Gefühlen in Bezug auf die bevorstehende Großelternschaft:

»Abgesehen davon, dass ich mich natürlich schon gefreut habe, Großvater zu werden, hatte ich zunächst ein bisschen Schwierigkeiten mit der Bezeichnung ‚Opa'. Ich fühlte mich dafür irgendwie noch zu jung.«

Dass mit dem Oma-Sein auch immer die Assoziation »alt« einhergeht, musste auch Friederike erfahren:

»Ich habe mich von Anfang an darüber gefreut, Oma zu werden. Ich fand es toll, mit 44 schon ein Enkelkind zu bekommen und habe es deshalb voller Stolz und Freude herumerzählt. 'Was, du wirst Großmutter? Das ist ja schrecklich, das hört sich ja so alt an!', haben einige Freunde dann geantwortet. Ich war darüber fast ärgerlich, denn ich freute mich doch und sie sahen nur den vermeintlich negativen Aspekt daran.«

Verständlicherweise müssen sich werdende Großeltern erst mit der neuen Sachlage auseinandersetzen. Schließlich werden sie mit dieser Statusveränderung sozusagen in die hintere Reihe geschoben: Unsere Kinder haben nun das Sagen, sie sind es, die mit ihrer zukünftigen Erziehungsarbeit die nächste Generation prägen. In gewissem Sinne haben wir als dominante Generation nun also endgültig abgedankt. Unser Einfluss schrumpft. Das heißt natürlich nicht, dass wir nichts mehr zu melden oder zu geben hätten. Ganz im Gegenteil: Gerade das Fehlen dieser

Hauptverantwortung ermöglicht uns wiederum ganz neue, wunderbare Beziehungsmöglichkeiten mit unseren Enkeln.

Als weiteres irritierendes Moment kommt dazu, dass wir nun womöglich zu der ältesten Generation der Familie gehören, zumindest dann, wenn die eigenen Eltern nicht mehr leben. »Es ist schon komisch zu wissen, dass man als nächstes mit dem Sterben dran ist!«, vertraute mir eine frisch gebackene Oma seufzend an. Auch die Auseinandersetzung mit der Endlichkeit des eigenen Lebens bekommt also durch den Großelternstatus neue Nahrung. Es ist ein Aspekt, den wir zwar gern verdrängen, der uns aber immer wieder einholt, oft in Form von Fragen wie: Was will ich noch in meinem Leben erleben? Was ist mir wichtig? Für manches ist der Zug abgefahren, aber was ist noch möglich und worauf will ich keinesfalls verzichten?

Erfahrungsgemäß sind Mütter schwangerer Töchter eher in das Geschehen und die damit verbundenen Gefühle involviert, als wenn der Sohn Vater wird – verständlich, immerhin stehen sich Mutter und Tochter meistens emotional näher als Mutter und Schwiegertochter. Ohnehin erlebt die Mutter-Tochter-Beziehung durch die Schwangerschaft der Tochter oftmals eine Veränderung: Es findet häufig eine Wiederannährung statt. Selbst wenn das Verhältnis deutlich abgeflaut war, sucht die schwangere Tochter nun womöglich öfter den Rat, das Verständnis oder einfach die Nähe ihrer Mutter: Sie dockt emotional nochmals ein bisschen an, tankt auf. Im besten Falle gibt ihr das Sicherheit und Vertrauen für die Aufgaben, die nun auf sie zukommen. So werden vielleicht auch Sie als Mutter nochmals gefordert: als vorübergehende Stütze und Begleiterin.

Manchmal kommen natürlich auch Sorgen auf: Schafft unsere Tochter das? Wie wird das für sie, Beruf und Kind unter einen Hut zu bekommen? Wird sie viel Stress haben? Wird ihre Partnerschaft halten und wird ihr Partner ein guter Vater sein? Wie wird sie die Geburt und die anfänglich anstrengende Zeit mit dem Neugeborenen überstehen? Und was passiert, wenn ihr Partner sich irgendwann von ihr trennt?

Schließlich wissen wir ja aus Erfahrung einigermaßen genau, was auf sie zukommen wird: unendliche Glücksgefühle samt Hormonrausch, symbiotische Nähe und eine Innigkeit, die es sonst nirgendwo im Leben gibt. Aber auch schlaflose Nächte, viel Arbeit und Dürrephasen, in der sie sich in Verzicht und Geduld üben muss. Ganz abgesehen von der Sorge, wenn das Kind mal richtig krank ist. Wir wissen ja, wie schön und wie nervenaufreibend das Leben mit Kindern sein kann. Und wir wissen auch, dass Ehe oder Partnerschaft nicht unbedingt leichter wird, wenn die Kinder so viele Energien binden und uns die Erziehungs- und Versorgungsarbeit manchmal an den Rand unserer Kräfte bringt. Auch deshalb sind ambivalente Gefühle in Bezug auf die Mutterschaft der eigenen Tochter verständlich und normal: Sie sind schlicht Ausdruck von Liebe und intensiver innerer Anteilnahme.

Oft verändern sich allerdings anfängliche Zweifel und Sorgen schnell während der Schwangerschaft oder kurz nach der Geburt. Manchmal lösen sie sich auch sofort in Luft auf, wie bei Martin:

»Obwohl ich anfangs etwas mit meinem ‚Opa-Werden' haderte, war schon während der Schwangerschaft unserer Tochter eine große Vorfreude da. Und mit der Geburt unseres Enkels wurde ich einfach von Begeisterung, Rührung und Liebe überrollt.«

Ähnliches berichtet Miriam:

»Alle vorherigen Befürchtungen waren nach der Geburt unseres Enkelkindes hinfällig, weil ich sofort entzückt von dem Kind war. Und so ging es mir bei allen Enkelkindern.«

Der Hamburger Familientherapeut Willi Hasse findet das verständlich: Großeltern »erleben das Wunder von Schwangerschaft und Geburt noch einmal, aber distanzierter als bei den eigenen Kindern und dennoch nah genug, um davon stark berührt zu werden.«[19] Logisch, dass so mancher Oma und auch so manchem Opa hemmungslos die Tränen der Rührung die Wange herunterrollen, wenn der kleine Erdenbürger dann das Licht der Welt erblickt. Schließlich verleihen Enkel den Großeltern auch einen Hauch von Unsterblichkeit: Unsere Enkel geben uns – sozusagen als unsere genetische Verlängerung in die Zukunft – das Gefühl, in ihnen ein kleines bisschen weiterzuleben. Das ist doch angesichts der Begrenztheit unseres Lebens ein ziemlich tröstlicher Gedanke.

Oma, Opa und ihr Enkelkind – eine ganz besondere Beziehung

Wenn Sie auch mit dem bevorstehenden Oma-Dasein noch etwas hadern, machen Sie sich einfach klar, dass die Großelternschaft der Elternschaft gegenüber ganz entschiedene Vorteile hat:

- *Großeltern können Anteil nehmen, tragen aber weniger Verantwortung*
  Großeltern können am Leben der Enkelkinder teilhaben, ohne die Last der Erziehungsverantwortung tragen zu müssen. Sie sind von der Aufgabe entbunden, immer pädagogisch wertvoll handeln zu müssen und das Kind z. B. erfolgreich durch die Schule zu bekommen. Wenn sie wollen, können sie sich zwar an dieser Arbeit beteiligen, in dem sie etwa Nachhilfe geben oder das ein oder andere Lesestündchen einrichten. Sie müssen es aber nicht tun.
- *Großeltern bestimmen selbst, was sie wann mit ihrem Enkelkind machen*
  Großeltern können, müssen aber nicht für ihre Enkelkinder zur Verfügung stehen und mit ihnen Zeit verbringen. Es obliegt ihnen, ob und wie sie ihr Enkelkind in ihr Leben einbinden, sie können entscheiden, wie sie die gemeinsame Zeit gestalten wollen und sind nicht von so lästigen Alltagsnotwendigkeiten wie Hausaufgabenkontrolle oder Vokabellernen in ein gewisses Korsett gezwängt.
- *Großeltern stehen nicht so sehr unter gesellschaftlichem Druck wie die Eltern*
  Die Großelternschaft kann viel selbstbestimmter gestalteter werden als die Elternschaft, deren Aufgabenbereich recht genau definiert ist und von vielen gesellschaftlichen Erwartungen bestimmt wird: Großeltern stehen daher – anders als die Eltern – auch unter keinem Erfolgs- oder Beweisdruck und können daher vieles gelassener und distanzierter sehen als Mutter und Vater.
- *Großeltern sind eher Entscheidungshelfer als Entscheider*
  Großeltern müssen keine schwierige Entscheidung treffen wie die Eltern, die sich mit Fragen herumplagen wie etwa: Stillen, ja oder nein? Welcher Kindergarten und ab wann? Welche Impfungen sind sinnvoll? Welche Ernährung ist die beste? Welche Schule passt zu meinem Kind? Wie kann ich es am besten fördern?

  Sie können aber – wenn sie wollen – den Kindern oder Enkelkindern beratend zur Seite stehen. Auch diese Beraterfunktion ist ein Privileg der erfahreneren Generation. Um diese Rolle gut ausfüllen zu können, ist allerdings eine große Portion Grundrespekt gegenüber den Eltern des Enkelkindes unabdingbare Voraussetzung. Ratschläge ohne Respekt kommen nicht gut an und verderben das Großeltern-Eltern-Verhältnis schnell.

- *Großeltern können ihre Enkelkinder wieder nach Hause schicken*
  Die meisten Omas und Opas freuen sich riesig über den Besuch der lieben Kleinen und genießen das Zusammensein mit ihnen besonders bewusst und intensiv. Genau so freuen sie sich aber auch, wenn diese Kleinen dann wieder weg sind. Denn machen wir uns nichts vor: Die wilden Racker und süßen Prinzessinnen können durchaus auch anstrengend sein oder manchmal schlichtweg nerven. Bei aller Geduld sind auch wir irgendwann erschöpft und brauchen wieder unsere Ruhe. Gönnen wir uns beides: Die Freude über die Lebendigkeit, die unsere Enkel mitbringen. Und die Freude über die Ruhe danach.
- *Großeltern gewinnen hinzu, ohne zwangsläufig Verzicht üben zu müssen*
  Elternschaft ist oft geprägt von vielen Verpflichtungen und oftmals auch von Verzicht. Als Oma müssen Sie das nicht mehr: Nun können Sie beides miteinander vereinbaren: Das Glück, sich mit Kindern zu umgeben, ohne Ihre eigenen Interessen vernachlässigen zu müssen. Wunderbar! Viele Großeltern empfinden das als wahre Genugtuung nach all den anstrengenden Jahren des Eltern-Daseins.
- *Großeltern können großmütiger sein, weil sie nicht unter Perfektionszwang stehen*
  Eltern stehen oft unter dem Druck, in der Erziehung alles richtig machen zu wollen. Sie schlagen bewusst bestimmte pädagogische Wege ein, von denen sie hoffen, dass sie ihrem Kind zu Selbstbewusstsein, Erfolg und Glück verhelfen werden.

  Großeltern hingegen wissen aus eigenem Erleben, dass es den goldenen, den »einzig richtigen Weg« in der Erziehung gar nicht gibt. Sie wissen, dass es keine perfekte Mutter gibt, dass sie selbst Fehler gemacht haben und dass auch ihre Kinder in der Erziehung Fehler machen werden, weil wir alle schließlich nur Menschen sind. Omas und Opas sehen insofern alles etwas gelassener als die junge Mutter, die noch unsicher auf der Suche nach ihrem eigenen Erziehungsstil ist. Hier kann unsere eigene Lebenserfahrung sehr hilfreich sein, indem wir unseren gestressten Kindern etwa Mut zusprechen oder sie mental entlasten, indem wir ihnen immer mal wieder signalisieren, was sie alles gut und richtig machen. Ein anerkennendes oder relativierendes Wort kann manchmal kleine Wunder bewirken.

Auch den Enkelkindern kann eine gewisse großmütterliche Gelassenheit helfen, über frustrierende Erlebnisse wie etwa schlechte Schulnoten besser hinwegzukommen. Mut zu machen oder einfach zu trösten, ist das allerbeste, was wir hier leisten können. Wir wissen: Die Welt geht nicht unter, wenn das Kind mal schlechte Zensuren hat. Kinder und ihre Eltern hingegen nehmen sich »schlechte« Schulleistungen manchmal zu sehr zu Herzen. Hier können Omas und Opas relativieren und dadurch entlasten (»Ich hatte auch eine schlechte Note in Mathe und habe trotzdem ein schönes Leben!«).

- *Enkelkinder können ein wahrer Jungbrunnen für Großeltern sein*
  Enkelkinder eröffnen neue Horizonte: Man wird in das aktuelle Zeitgeschehen wieder neu eingebunden, mit neuen Entwicklungen konfrontiert und so automatisch »jung« gehalten. Ob man sich nun mit den neuesten Auto-Baby-Schalen auseinandersetzt, mit den aktuellsten Trends in der Kindererziehung konfrontiert wird oder sich einfach von dem neugierigen Forscherblick des kleinen Kindes anstecken lässt – es gibt immer etwas Neues zu entdecken, und das hält mental jung, fit und dynamisch.

Familientherapeut Hasse sieht das Besondere der Großelternschaft darin, dass Oma und Opa mit ihren kleinen Enkeln »noch einmal die bedingungslose Liebe erleben können, die es in dieser Form eigentlich nur in der Eltern-Kind-Beziehung gibt.« Denn: »In der Realität der Erwachsenenwelt geht die bedingungslose Liebe verloren, wir sehnen uns aber ein Leben lang danach. Deshalb sind wir auch so empfänglich und dankbar dafür, wenn wir älter werden.« [20]

Also: Genießen Sie es in vollen Zügen, Oma zu sein!

Hilfe bei der Rollen-Findung: Was für eine Oma will ich sein?

Oma zu sein wird heutzutage sehr individuell und unterschiedlich gestaltet. Es gibt Omas, die sich sehr engagagiert und regelmäßig um ihre Enkelkinder kümmern. Und es gibt solche, die sich nur sporadisch mit ihnen treffen, weil sie entweder beruflich noch stark eingespannt sind oder endlich die Reisen unternehmen, die sie sich früher nicht leisten konnten. Das eine ist nicht besser als das andere, sondern hat ebenso Vor- wie Nachteile. Schon die berufliche Mobilität sorgt ja dafür, dass immer weniger Großeltern in direkter Nähe zu den Kindern und Enkelkindern wohnen und deshalb auch weniger zur Verfügung stehen.

Sie bestimmen also selbst, welche Oma Sie sein wollen: Wie passen Enkelkinder in mein Leben? Was will ich ihnen geben? Was kann ich leisten und worauf muss ich aufpassen?

Wie auch immer Sie Ihr Oma-Dasein gestalten wollen: Großeltern können ganz unterschiedliche Funktionen im Familiensystem erfüllen:

- Sie können für mehr oder weniger regelmäßige Entlastung der jungen Eltern sorgen, etwa durch Babysitten.
- Sie können (wenn sie in der Nähe wohnen) auch mal einspringen, wenn's brenzlig wird: Das Enkelkind ist krank und Mama muss arbeiten? Die Feuerwehr-Oma eilt sofort herbei und hütet und pflegt den kleinen Patienten hingebungsvoll.
- Sie können lästige und konfliktanfällige Dienste übernehmen wie z. B. das Enkelkind zu Freunden kutschieren oder später bei den Schularbeiten betreuen, weil Sie dabei einfach ruhiger und geduldiger sein können als die Eltern.
- Sie können für Enkelkinder der Fels in der Brandung in schwierigen Zeiten sein, bessonders, wenn ein Geschwisterkind auf die Welt kommt und das größere nun ein bisschen Sonderzuneigung braucht, weil es vom Thron geschubst wird.
- Sie können Ruhepole und wichtige Konstanten in einer unruhigen Zeit sein, z. B. wenn die Eltern viel arbeiten, wenn sie Probleme miteinander haben oder sich trennen.
- Sie können traditionelle Spiele und Lieder vermitteln und so ein Stückchen Vergangenheit lebendig halten, das Kind somit familiär und kulturell verankern.

Was wollen Sie mit Ihrem oder für Ihr Enkelkind machen? In welcher Rolle sehen Sie sich am ehesten: Wollen Sie gerne eine Kuschel-Oma sein, die zum Trösten und Knuddeln immer zur Verfügung steht? Oder lieber eine Bastel-Oma, die mit ihrem Enkelkind jahreszeitlichen Deko-Schmuck bastelt? Oder eine Lese-Oma, die gerne schöne Geschichten vorliest, eine Back-Oma, mit der man immer neue Rezepte ausprobieren kann? Oder die Ausflugs-Oma, die das Enkelkind zum Zoo oder ins Museum mitnimmt? Sie können natürlich auch eine unkonventionell-dynamische Abenteuer-Oma sein, die mit dem Enkelkind die verrücktesten Unternehmungen macht wie etwa Klettertouren oder Seifenkistenrennen. Wenn Sie sich dazu körperlich fit genug fühlen, warum nicht?

Oder wollen Sie lieber eine klassische Verwöhn-Oma sein, der es hauptsächlich wichtig ist, dass es dem Enkel bei ihr gut geht? Oder eine wilde Mischung aus allem?

Es liegt ganz in Ihrem Ermessen, diese neue Beziehung nach Ihrem Gusto zu gestalten. Natürlich spielen Ihre eigenen Interessen dabei eine große Rolle, aber auch die Wünsche des Enkelkindes sollten dabei nicht zu kurz kommen.

Zur Orientierung könnten folgende Fragen hilfreich sein:

- Wie kann ich meine Tochter/meinen Sohn/meine Schwiegerkinder am besten unterstützen oder entlasten?
- Kann ich eventuell etwas übernehmen, was die Eltern aus energetischen, finanziellen oder arbeitstechnischen Gründen nicht schaffen (Arztbesuche, Bringdienste etc.)?
- Was braucht mein Enkel am meisten von mir?
- Was bin ich bereit zu geben?
- Was macht mir besonderen Spaß im Umgang mit meinem Enkel (Spazierengehen, Lieder vorsingen, vorlesen ...)?
- Was möchte ich ihm gerne vermitteln? Bestimmte Fertigkeiten, Lieder oder Rituale?
- Welche Traditionen meiner Herkunftsfamilie möchte ich weitergeben?
- Wie viel Zeit und Energie möchte ich dafür ungefähr aufbringen?

Tipp: Blicken Sie in die Vergangenheit: Wie war meine Oma?

Um sich mit der neuen Rolle vertraut zu machen, lohnt sich unbedingt auch ein kleiner Blick in die eigene Vergangenheit:

- Wie war Ihr Verhältnis zu Ihren eigenen Großeltern?
- Was hat Ihnen an Ihren eigenen Großeltern gefallen? Was an Ihrer Oma, was an Ihrem Opa?
- Was fanden Sie eher lästig oder unangenehm?
- In welcher Lebensphase waren sie besonders wichtig für Sie?
- Was haben sie Ihnen gegeben?
- Was konnten sie Ihnen geben, was Ihre Eltern Ihnen nicht geben konnten?
- Was bedeutet das heute für Ihr Leben?
- Waren Sie glücklich mit Ihren Großeltern oder hätten Sie sich diese anders gewünscht?

- Welche Traditionen gibt es in Ihrer Herkunftsfamilie? Welche davon möchten Sie gerne weitertragen, welche nicht? Gibt es z. B. Sinnsprüche, Zitate, Lieder, andere Relikte aus alten Tagen? Backen Sie vielleicht immer noch einen Kuchen nach dem Rezept Ihrer Großmutter?

Sie werden vielleicht erkennen, dass Großeltern oft eine sehr wichtige Rolle in unserem Leben spielen oder gespielt haben – im positiven wie auch manchmal leider im negativen Sinne. Auch heute – in Zeiten von Mobilität und Flexibilität – sind Großeltern noch immer sehr bedeutsam: als Unterstützer und Entlaster für die Kinder bzw. Schwiegerkinder, aber auch als verlässlicher Ruhepol und Fels in der Brandung für die Enkelkinder. Omas und Opas können sehr viel dazu beitragen, dass sich die Enkelkinder in ihrem Leben gut verwurzelt fühlen. Das gibt ihnen zusätzliche Sicherheit und inneren Halt – für ihr gesamtes späteres Leben aber auch für zukünftige schwierige Phasen ist das ein wichtiges Gut.

Hilfreich: Über gegenseitige Erwartungen und Wünsche reden

Allzu selten redet man innerhalb der Familie über das, was man voneinander stillschweigend erwartet. Kein Wunder, dass es immer wieder zu Missverständnissen und Ärgernissen kommt. Deshalb könnte es auch an dieser Stelle hilfreich sein, mit den Eltern des Enkelkindes ins Gespräch zu kommen und die gegenseitigen Erwartungen und Wünsche abzuklären.

Sie können Ihrer Tochter/Ihrem Sohn auch ein paar Frage aufschreiben und sie/ihn bitten, sie mündlich oder schriftlich zu beantworten.

- Wie stellst du dir den Kontakt zwischen deinem Kind und mir vor?
- Was ist für dich ein Oma-technisches No-Go?
- Was wäre euch besonders wichtig?
- Wann würdet ihr euch von mir/uns bedrängt fühlen?
- Was wünschst du dir am meisten von mir als Oma deines Kindes?
- …

Schreiben Sie alles auf, was Ihnen in den Sinn kommt und Ihnen unklar ist. Gehen Sie bitte nicht davon aus, dass Sie ohnehin schon wissen, was Ihre Tochter bzw. Ihr Sohn antworten wird. Vielleicht erleben Sie durchaus die eine oder andere Überraschung – allerdings wird das nur dann der Fall sein, wenn Sie wirklich ehrliche Antworten haben wollen und auch ertragen können. Wenn Ihr Kind nicht das nötige Vertrauen hat, dass Sie auch klare Abgrenzungen gut handhaben können, werden Sie nur die Antworten bekommen, die Sie hören wollen. Oder gar keine. Also nehmen Sie ganz bewusst in Kauf, dass Sie vielleicht auch unangenehme Dinge zu hören bekommen.

Bei dieser »Was-wünschst-du-dir-Sammlung« geht es natürlich nicht darum, all die genannten Erwartungen umgehend und 100 %-ig erfüllen zu müssen. Vielmehr sollten Sie diese Erwartungen mit Ihren eigenen Vorstellungen von Großelternschaft abgleichen:

- Welche Erwartungen meines Sohnes bzw. meiner Tochter erfülle ich sehr gerne, weil sie sich mit meinen Vorstellungen decken?
- Welche Erwartungen kann ich vielleicht nur ab und zu erfüllen?
- Und welche kann oder will ich auf gar keinen Fall erfüllen?

Kommen Sie darüber ins Gespräch und seien Sie möglichst offen. Bedenken Sie aber bitte, dass das ja nur eine Momentaufnahme ist. Erwartungen und Wünsche können sich schnell verändern, so dass es immer wieder notwendig werden kann, miteinander zu diskutieren.

Erlauben Sie sich aber von Anfang an, auch Nein sagen zu dürfen. Wenn Sie das Gefühl haben, von den Ansprüchen des jungen Paares geradezu erschlagen zu werden, sprechen Sie das unbedingt an. Sie sind nicht auf der Welt, um Ihrem Sohn die Wohnung zu putzen. Und Sie sollten keinesfalls ständig auf eigene Unternehmungen verzichten, nur um den jungen Eltern ein aufregendes Nachtleben zu ermöglichen. Wägen Sie hier sehr sorgfältig ab, wann Ihnen was wichtiger ist. Lassen Sie sich nicht emotional erpressen (»Ooooch schade, ich wollte so gerne mal wieder tanzen gehen.«). Tun Sie das, was Sie tun, mit Überzeugung und nicht aus Mitleid oder weil Sie es ohnehin gewohnt sind, sich immer nur um andere zu kümmern. Eine gesunde Portion Egoismus steht jeder Oma gut zu Gesicht!

Entsprechend sollten Sie sich auch ehrlich fragen, was Sie vom Enkelkind und seinen Eltern erwarten:

- Rechtzeitige Anfragen der Eltern für Babysitter-Dienste, damit Sie Ihre Woche gut planen können,
- Rücksichtnahme auf eigene Termine,
- grundsätzlichen Respekt vor der Entscheidung, auch mal Nein zu sagen,
- Pünktlichkeit bei vereinbarten Treffen,
- Vertrauen, dass es dem Enkelkind bei mir gut geht,
- keine ständige Kontrolle, wenn das Enkelkind bei mir ist,

- keine allzu einengenden Vorschriften, was Essen und Umgang betrifft,
- ...

Auch Ihre eigenen Erwartungen werden sich womöglich mit der Zeit verändern. Wenn Ihnen das dreimalige Babysitten pro Woche oder die versprochenen regelmäßigen Wochenendausflüge mit Ihrem Enkel dann doch plötzlich zu viel werden, ändern Sie die Regelung unbedingt noch, bevor sich Unmut bei Ihnen breit macht!

Wenn Sie Ihr Enkelkind umgekehrt gerne häufiger sehen möchten, als die Eltern das gut finden, fragen Sie ruhig nach den Gründen, warum dies so selten geschieht. Vielleicht gibt es Kompromissmöglichkeiten, z. B. dass Sie das Kind vom Kindergarten abholen? Wenn die Eltern sich aber hartnäckig weigern, Ihnen das Enkelkind häufiger anzuvertrauen, dann müssen Sie diese Entscheidung wohl oder übel respektieren. Auch wenn Ihnen das möglicherweise schwer fällt.

Verwöhnen oder mit erziehen? Worauf Großeltern achten sollten

Auch Oma- und Opa-Sein will gelernt sein. Wenn Sie ein paar wichtige Regeln beherzigen, dann sollte es kein Problem sein, schnell in die neuen Rollen hineinzuwachsen:

Respektieren Sie die Erziehungsmethoden der Eltern
Sie sind nicht die Erzieher Ihrer Enkelkinder. Obwohl Sie natürlich bewusst oder unbewusst auch ein bisschen »mit erziehen«, indem Sie ihnen bestimmte Werte vermitteln und Ihnen Grenzen setzen (oder auch nicht ...), steht es Ihnen nicht zu, die grundsätzlichen Erziehungs-Maximen der Eltern des Enkelkindes zu durchkreuzen. Das wird in der Regel von jungen Eltern als Grenzüberschreitung, Kränkung oder Missachtung empfunden und ist in jedem Falle einer guten Beziehung nicht zuträglich. Es liegt in der Natur der Dinge, dass sich Erziehungsvorstellungen immer mal wieder verändern und die junge Generation vieles anders machen will als die ältere. Versuchen Sie, das zu respektieren und sich nicht mit Ihren eigenen Vorstellungen in den Vordergrund zu stellen.

Mischen Sie sich nicht ungefragt in das Familienleben ein

Seien Sie vorsichtig mit Kritik und ungebetenen Ratschlägen. Erfahrungsgemäß wird darauf jeder erwachsene Sohn und jede erwachsene Tochter mir Abwehr oder Wut reagieren. »Misch dich nicht ein, das geht dich nichts an!«, lautet dann zwangsläufig der Vorwurf der jungen Generation. Manchmal stimmt das einfach auch. Nichts ist schlimmer als eine Mutter, die mit Sätzen wie »Du machst das ganz falsch. Schau mal, sooo macht man das!« die erwachsene Tochter oder den erwachsenen Sohn zur Weißglut treibt. Halten Sie sich also mit klugen Sprüchen lieber zurück.

Wenn Sie einen guten Vorschlag haben, fragen Sie erst, ob er erwünscht ist: »Darf ich dir vielleicht einen Tipp geben?« Mit einer solchen Frage kann man schon im Vorfeld abklären, ob Ihr erwachsenes Kind Ihre Meinung überhaupt hören möchte. Außerdem signalisiert diese Frage an sich schon, dass man sein Gegenüber nicht ungefragt »volltexten«, sondern wirklich hilfreich sein möchte.

3. Stellen Sie Ihre eigenen Regeln auf

Auch wenn Sie die Erziehungsmethoden der Eltern zu akzeptieren haben, so heißt das natürlich noch lange nicht, dass es bei Ihnen immer genauso zu laufen hat wie im Elternhaus des Enkelkinds. Bei Ihnen und in Ihrem Haus gelten schließlich Ihre eigenen Regeln. Kinder verkraften das problemlos: Sie können gut unterscheiden, dass sie zu Hause den Tisch abräumen müssen, bei Oma aber nicht unbedingt (oder umgekehrt). Und sie können sich auch leicht daran gewöhnen, dass man bei Oma die Schuhe auszieht und nicht auf den Tisch klettert. Auch dass man bei Oma mal länger fernsehgucken darf oder im Zweifelsfall ein Eis mehr bekommt als zu Hause, treibt Enkelkinder nicht in innere Konflikte. Eltern müssen dann eben manchmal ertragen, dass es heißt: »Bei Oma darf ich das aber.« Dieses Privileg hatten Großeltern schon immer. Und das sollten wir uns auch nicht nehmen lassen.

Voraussetzung für diese kleinen Verwöhnaktionen ist aber, dass wir die Erziehungsmethoden der Eltern nicht grundsätzlich unterminieren, indem wir etwa sagen: »Mama erzählt Quatsch« oder: »Dein Vater hat ja keine Ahnung.« Auch wenn Omas und ihre Enkelkinder mal kleinere Geheimnisse miteinander teilen dürfen: Sie sollten unbedingt vermeiden, sich mit den Enkelkindern gegen die Eltern zu verschwören. Das bringt nur Ärger zwischen den Erwachsenen und die Kleinen in große innere Konflikte.

4. Sprechen Sie Erziehungsprobleme vorsichtig an

Bei allem Respekt vor den Erziehungsmethoden der erwachsenen Kinder: Wenn Sie am Erziehungsverhalten Ihres Kindes etwas bemerken, das Ihren Vorstellungen zutiefst wiederspricht, dann sprechen Sie das unbedingt an. Es ist zwar wichtig, dass Sie wichtige Regeln der Eltern grundsätzlich respektieren. Das heißt aber nicht unbedingt, tatenlos zuzusehen, wenn ein Kind ungerecht behandelt, ständig überfordert oder einfach gar nicht wahrgenommen wird. Manchmal ist es auch wichtig, junge Eltern darauf aufmerksam zu machen, wenn etwas nicht gut läuft. Dann lohnt es sich, das, was uns negativ auffällt, uns unangenehm berührt oder gar Sorgen macht, behutsam anzusprechen. Sagen Sie also bitte nicht: »Du bist zu streng mit deinen Kindern. Lass sie doch endlich mal in Ruhe!«, oder: »Du lässt deinen Kindern zu viel durchgehen. So lernen sie ja nie Manieren!« Sondern versuchen Sie, in abgemilderter Form Ihre Meinung anzubringen. »Ich habe das Gefühl, dass du manchmal etwas zu ungeduldig bist. Was stresst dich denn so?« oder »Ich habe den Eindruck, dass du dich gar nicht traust, deinen Kindern etwas zu verbieten oder ihnen Grenzen zu setzen. Wie kommt das?« könnten etwas weniger konfrontativer Versuche sein, miteinander ins Gespräch zu kommen. Vermeiden Sie Vorwürfe jeglicher Art. Und am besten bieten Sie gleich die passende Unterstützung und Entlastung an, statt nur an der Erziehung »herumzumeckern«. Wenn Sie merken, dass Ihr Sohn/ Ihre Tochter oft unwirsch auf das Enkelkind reagiert, kann das nämlich auch einfach ein Zeichen von akuter Überlastung sein. Wenn Sie z. B. beobachten, dass Ihre Tochter regelmäßig bei der Betreuung der Hausaufgaben ihrer Kinder »ausflippt«, übernehmen Sie doch diesen Job gelegentlich. Oder spendieren Sie einen Nachhilfelehrer, der das Ganze emotionsloser angehen kann. Oder suchen Sie mit Ihrer Tochter gemeinsam einen anderen Weg, sie von diesem schwierigen Job zu befreien. »Kind« und Enkelkind würden es Ihnen danken.

5. Finden Sie eine Balance zwischen den eigenen Interessen und denen des Enkelkindes

Achten Sie bei den gemeinsamen Aktivitäten darauf, was Ihr Enkel braucht und was ihm Spaß macht. Achten Sie aber unbedingt genau so darauf, dass es Ihnen dabei gut geht und Sie sich wohl fühlen. Hier eine gute Balance zu finden, ist immer wieder eine wichtige Aufgabe. Wer sich ständig übernimmt und dann anfängt, das Großelterndasein lästig zu finden, tut sich selbst und auch den Enkeln keinerlei Gefallen. Dosieren Sie den Kontakt, wie es sich für Sie richtig anfühlt, achten Sie auf Ihre Ruhe- und Erholungsbedürfnisse und reden Sie auch offen darüber. Zwingen Sie Ihrem Enkelkind keine Aktionen auf, zu denen es absolut keine Lust hat, aber gehen Sie auch nicht zum zehnten Mal mit ihm in den Zoo, wenn Sie es eigentlich nicht leiden können, eingesperrte Tiere zu sehen. Zu einer wirklich authentischen Begegnung kommt es zwischen Oma und Enkel nur, wenn sich beide wohl fühlen und jeder auf seine Kosten kommt.

6. Respektieren Sie stets den Schwiegersohn/die Schwiegertochter als Vater oder Mutter. Auch nach einer Trennung!
Es ist sehr wichtig für Ihr Enkelkind, dass Sie sowohl seine Mutter als auch seinen Vater als solche respektieren. Versuchen Sie hier eine ganz bewusste Haltung einzunehmen: Sprechen Sie in Gegenwart Ihres Enkelkindes niemals schlecht über einen Elternteil: Das katapultiert Kinder in tiefste Loyalitätskonflikte. Selbst wenn es Ihnen schwer fällt: Kinder lieben ihre Eltern, auch wenn diese mitunter unzulänglich sind. Ziehen Sie also niemals vor dem Enkelkind über einen unengagierten Vater oder eine vermeintlich schlampige Mutter her!

Das ist auch dann ganz besonders wichtig, wenn Mutter und Vater des Enkelkindes miteinander im Clinch liegen, sich gerade trennen oder um das Sorgerecht streiten. Sie können diese wertschätzende Haltung ganz einfach dadurch symbolisieren, dass Sie z. B. ein Foto von Ihrem Enkelkind mit dem Vater und der Mutter bei sich zu Hause aufhängen. Und auch dann hängen lassen, wenn sich die Eltern getrennt haben. Für das Enkelkind bleiben die leiblichen Eltern die leiblichen Eltern. Immer. Ganz unabhängig davon, wie die beiden diese Elternschaft gestalten. Auch wenn man sicher nicht ganz unparteiisch sein kann, da die leiblichen Kinder uns meistens näher sind als deren (Ex-)Partner: Lassen Sie sich nicht in Grabenkämpfe verwickeln, sondern bleiben Sie insbesondere für das Enkelkind ein ruhiger, (fast) neutraler, stabiler Ruhepunkt. Nehmen Sie gerade in dieser Krisenphase das Kind, wie es ist: In all seiner Unsicherheit und Trauer. Hören Sie ihm zu und trösten Sie es, da die betroffenen Eltern dafür oft nicht die Nerven und auch oft keinen freien Blick haben. Wenn alles sich in der jungen Kleinfamilie gerade dramatisch verändert, sind in sich ruhende Großeltern für Enkelkinder ein wahrer Segen.

7. Grenzen Sie sich liebevoll ab

Bei aller Liebe: Lassen Sie sich nicht permanent einspannen, wenn Ihnen das nicht passt oder es Sie überfordert. Vielleicht sehen Sie, dass Ihre Tochter/Ihr Sohn mit Job und Familie sehr angestrengt ist und wollen ihr bzw. ihm deshalb unter die Arme greifen. Das ist sehr gut gemeint und auch ganz wunderbar, wenn Ihnen das Spaß macht. Achten Sie trotzdem immer wieder auf Ihre eigenen Grenzen: Was will ich, was schaffe ich locker und was ist mir manchmal zu viel oder zu anstrengend? Manchmal neigen auch Omas dazu, sich zu übernehmen oder sich gar für unentbehrlich zu halten. Das sind wir aber meistens nicht. Wenn wir nicht selbst auf unsere Grenzen achten, wird es keiner tun. Vielmehr laden wir andere geradezu dazu ein, uns auszunutzen. Lernen Sie also, freundlich Nein zu sagen, wenn Sie keine Lust oder keine Zeit zum Babysitten haben.

Vermeiden Sie auf jeden Fall, sich zuerst einspannen zu lassen und sich dann anschließend darüber zu beschweren, wie anstrengend es war. Das vergiftet auf die Dauer jedes Vertrauensverhältnis.

8. Eine Oma ist eine Oma. Und sollte auch so genannt werden.

Besonders junge oder dynamische Großeltern haben oft Schwierigkeiten, sich mit »Oma« oder »Opa« ansprechen zu lassen. Sie halten sich dafür noch nicht »alt« genug. Psychologisch betrachtet ist es aber eine Weigerung, die Großelternrolle anzunehmen, wenn man sich lieber »Tine« oder »Holger« von seinen Enkeln nennen lassen möchte. Stehen Sie dazu: Sie sind Oma oder Opa. Seien Sie stolz darauf. Und erlauben Sie Ihrem Enkelkind unbedingt, Sie auch so rufen zu dürfen! Wie wäre es mit einer Mischform: Titulierungen wie »Oma Tine« und »Opa Holger« hören sich cool an und haben den Vorteil, dass jeder gleich weiß, von wem gerade gesprochen wird. Und je mehr Patchwork-Familien es gibt, desto mehr Omas und Opas wird es geben, die unterschieden werden wollen …

9. Bauen Sie keine Konkurrenz zu der anderen Oma auf

Vermeiden Sie auch bitte, jegliche Konkurrenz mit der anderen Oma aufzubauen, sondern erleben Sie die andere Oma als Ergänzung und Bereicherung. Sie sind sicher ganz unterschiedliche Großmütter und spielen für das Enkelkind unterschiedliche Rollen. Auch wenn die andere Oma sich engagierter zeigt, ständig zum Babysitten bereit ist und das Enkelkind mit riesigen Geschenken überhäuft: Bleiben Sie selbstbewusst und

Ihren eigenen Vorstellungen treu. Wer sich einlässt auf »Wer schenkt die tollsten Sachen?« hat schon verloren. Es geht nicht um einen Wettbewerb à la »Wer ist die tollste Oma?«, sondern darum, eine möglichst authentische, unverkrampfte Verbindung zu dem Enkelkind aufzubauen. Wenn Sie dazu neigen, sich und Ihre großmütterlichen Dienste und Leistungen mit denen der anderen Oma zu vergleichen, leiden Sie möglicherweise unter einem schlechten Selbstwertgefühl. Verlassen Sie sich darauf, dass Sie Ihrem Enkelkind ziemlich viel zu bieten haben: einfach als derjenige Mensch, der Sie sind. Das reicht. Und ist gleichzeitig das Wertvollste, was Sie zu geben haben.

10. Suchen Sie professionelle Hilfe, wenn Sie massive Schwierigkeiten sehen
Wenn Sie sich massive Sorgen um Ihr Enkelkind oder Ihre Tochter/ Ihren Sohn machen und alle Versuche, mit ihm/ihr ins Gespräch zu kommen, gescheitert sind, suchen Sie sich unbedingt externe professionelle Hilfe. Eine erste Anlaufstelle wäre z. B. das Beratungsangebot des Elterntelefons des Kinderschutzbundes, das Sie kostenlos und anonym in Anspruch nehmen können – auch als Großmutter! Die bundesweite Hotline hat die Nummer 0800/1110550 und ist montags bis freitags von 9–11 Uhr und zusätzlich dienstags und donnerstags von 17–19 Uhr besetzt.

Wem hier nicht direkt weitergeholfen werden kann, der bekommt auf jeden Fall Infos für weitere Beratungsmöglichkeiten vor Ort. Ein Anruf lohnt also in jedem Fall, auch wenn Sie unsicher sind, ob Sie sich in die Kindererziehung Ihres Kindes einmischen oder heraushalten sollen.

Was tun, wenn sich die Kinder nicht genügend entlastet fühlen?

Aber auch wenn wir unsere gegenseitigen Erwartungen theoretisch noch so genau miteinander abgeglichen haben, kann es im echten Leben trotzdem zu Differenzen kommen, z. B. wenn die Eltern sich von den Großeltern nicht genug entlastet fühlen. So berichtet Christine von einem heftigen Konflikt mit ihrer Tochter:

»Als meine Enkelkinder noch sehr klein waren, hat mir meine Tochter in einer Situation heftige Vorwürfe gemacht, dass ich nicht von mir aus Hilfe bei der Betreuung angeboten habe. Alle waren krank. Sie sei immer in der Bittstellerposition und sie würde sich wünschen, dass ich auch mal auf sie zukomme. Teilweise konnte ich sie verstehen. Ich habe ihr erklärt, dass ich selber im Beruf und Privatleben sehr angestrengt bin und ihre familiäre Belastung nicht immer im Blick habe.«

Auch Martha kennt die Situation, wenn einem die Tochter Vorwürfe macht, weil sie sich nicht genug unterstützt fühlt:

»Während eines gemeinsamen Urlaubs mit unserer Tochter und ihren Kindern fühlte sie sich zu wenig von uns entlastet. Ich hatte aber das Gefühl, dass die Kinder die ganze Zeit eher die Nähe der Mutter gesucht haben, deshalb haben wir uns etwas zurückgehalten. Die Bedürfnisse waren wohl sehr unterschiedlich, manchmal sogar gegensätzlich. Deshalb hat das wohl nicht so richtig gut geklappt in diesem Urlaub.«

Es ist gar nicht schlimm, wenn solche Probleme auftauchen. Solche Konflikte gehören zum Familienleben einfach dazu. Warum sollte man aufhören, miteinander zu streiten, nur weil man erwachsen ist? Wichtig ist nur, möglichst offen und vorwurfsfrei miteinander zu reden und den Konflikt zu klären, so dass man das nächste Mal wieder unbelastet in eine ähnliche Situation gehen kann.

Wir können nur daraus lernen, wenn wir das, was uns vorgeworfen wird, auch ernst nehmen. Das heißt nicht, dass wir uns jeden Schuh anziehen müssen. Aber überlegen Sie in einer solchen Situation ruhig, ob Sie die Position Ihres Kindes wenigstens verstehen können. Und wenn ja, kann man ruhig auch mal sagen: »Es tut mir leid, dass du dich nicht genug unterstützt gefühlt hast. Ich hatte in dieser Zeit selbst viel um die Ohren.« / »Ich hatte in dieser Zeit einfach ein großes Ruhebedürfnis.« / »Ich habe gar nicht gewusst, dass du mehr Unterstützung gebraucht hättest. Ich hätte mir gewünscht, dass du mir das sagst.« / »Ich wollte mich nicht aufdrängen.« / »Ich fühlte mich mit dieser Aufgabe überfordert.« Etc.

Auch an diesem Punkt sollten wir ehrlich mit uns und unseren Kindern umgehen und uns nur das zumuten, was wir auch wirklich guten Gewissens leisten können. Auch auf die Gefahr hin, dass die Kinder sich nicht angemessen unterstützt fühlen: Wir können nicht über unsere körperlichen und mentalen Belastungsgrenzen hinausgehen, nur weil unsere erwachsenen Kinder selbst ein anstrengendes Leben führen. Bleiben Sie hier authentisch und konsequent. Vielleicht sind Sie dann auch weiterhin ein gutes Beispiel dafür, sich gut um sich selbst zu kümmern – ein Beispiel, von dem sich Ihr Kind ein bisschen was abgucken kann.

Richtig schenken – wie geht das?

Ein weiterer heikler Punkt ist das Schenken. Es ist verständlich, dass viele Omas sich verzückt die kleinen Strampler, Rasseln und Plüschhäschen anschauen und ihrem Enkelkind am liebsten ganz viel davon schenken möchten. Doch selbst die geduldigste Tochter und der ausgeglichenste Sohn wird Ihnen bei dem 32. Teddy oder der 17. Puppe an die Gurgel gehen. In den Kinderzimmern der heutigen U5-Generation stapelt sich das (mehr oder weniger) hochwertige pädagogische Spielzeug ohnehin schon meterweise, und viele Eltern empfinden es geradezu als Herausforderung, den ganzen Kram überhaupt irgendwo unterzubringen.

Sinnvoller ist es dann manchmal, Geschenke für das Enkelkind mit dessen Eltern abzustimmen, zumal sie auch oft besser wissen, was es sich gerade wünscht oder womit es sich derzeit am liebsten beschäftigt. Oder Sie geben etwas Geld dazu, wenn die Eltern eine etwas größere Anschaffung planen wie ein Laufrad oder ein neues Kinderbett. Ansonsten können Sie auch einen Sparvertrag anlegen, für den Sie monatlich einen kleinen Beitrag auf dem »Enkelkonto« anlegen. Manche Banken gewähren hierfür sogar besonders hohe Zinsen.

Manche Großeltern schaffen es einfach nicht, auf der emotionalen Ebene eine gute Beziehung zu den Enkeln aufzubauen, und kompensieren das dann mit großartigen und komplett überdimensionalen Geschenken. Das kann bei den Kindern zwiespältige Gefühle auslösen, denn sie merken ja ab einem bestimmten Zeitpunkt, dass die Qualität der Beziehung in keinem angemessenen Verhältnis zu den Mammut-Geschenken steht. Wenn sie dann älter werden, merken sie sofort, dass sie quasi bestochen werden, frei nach dem Motto: »Guck mal, wie viel wir dir schenken! Nun sei aber auch schön dankbar dafür.« Kinder mögen das nicht besonders. Achten Sie also darauf, was die Quelle Ihres Schenkens ist: Möchten Sie Ihrem Enkelkind einfach mal was Nettes zukommen lassen oder haben Sie aus irgendeinem Grund ein schlechtes Gewissen? Stehen Sie womöglich unter dem Druck, so wie die andere Oma endlich mal was Teures springen lassen zu müssen? Lassen Sie sich auf solche Konkurrenzkämpfe erst gar nicht ein. Die Zuneigung eines (Enkel-)Kindes lässt sich weder erzwingen noch erkaufen.

Wichtiger ist es allemal, einen ehrlichen, offenen und liebevollen Kontakt miteinander zu pflegen, dem Enkelkind gut zuzuhören, sich mit ihm auseinanderzusetzen, es ernst zu nehmen. Mental präsent zu sein ist eines der größten Geschenke, das Omas und Opas ihren Enkelkindern machen können. Es kostet nichts und ist Gold wert, vor allem, wenn beide Elternteile beruflich stark eingespannt sind.

Natürlich können Sie Ihrem kleinen Liebling auch ab und zu mal eine Kleinigkeit mitbringen. Warum denn nicht? Materielle Geschenke sind aber nur ein Plus, ein zusätzliches »goodie« und kein Ersatz für echte Zuneigung und Anteilnahme. Schenken Sie Ihrem Enkelkind lieber Zeit, in der Sie einfach für es da sind. Schenken Sie ihm gelegentlich Ihre ungeteilte Aufmerksamkeit und Ihre Fürsorge. Und an besonderen Gelegenheiten wie Geburtstag oder Weihnachten ein sinnvolles Geschenk in Absprache mit Mama und Papa. Dann bekommt es wirklich alles, was es von Ihnen braucht.

Tipp: Schlauer geht immer – Weiterbildung für engagierte Großeltern

Wenn das generationsübergreifende Miteinander mal nicht ganz so »flutscht«, wie Sie sich das wünschen, dann bedenken Sie bitte, dass ein Familienleben (fast) niemals so leicht ist, wie man es gerne hätte. Auch die Großelternschaft hat schließlich ihre Tücken. »Interaktion und Kommunikation haben in der Drei-Generationen-Familie und im Umgang mit der Schwiegerfamilie ihre eigenen Gesetze. Deshalb gehört zum Großelterndasein – wie bei Eltern auch – eine gewisse Kompetenz«, weiß Familientherapeut Willi Hasse. Ein Grund, warum er und andere Kolleginnen und Kollegen vom Kinderschutzbund mittlerweile auch Kurse für Großeltern anbieten, in denen man sich mit der neuen Rolle und den vielfältigen Themen und Fragen, die sich um das Oma- und Opa-Sein ranken, intensiv beschäftigen kann.

Vielleicht haben auch Sie Lust, mal hier hineinzuschnuppern und Gleichgesinnte zu treffen? Infos über angebotene Kurse finden Sie beim Kinderschutzbund in Ihrer Nähe oder auf dieser Internetseite: www.sesk.de/CONTENT/vorort.aspx.

Nachbemerkung und Dank

Während ich an diesem Manuskript gearbeitet habe, verabschiedete ich meinen Sohn zu einem Austauschjahr nach Kanada und meine Tochter in eine eigene Wohnung. Ich durchlebte in dieser ereignisreichen Zeit einige emotionalen Turbulenzen und musste mich (obwohl schon eine ältere Tochter vor einigen Jahren das Haus verlassen hatte) erneut dem Thema Abschiednehmen, Älterwerden und Veränderung stellen – und zwar gleich in doppelter Dosis. Ich saß oft auf dem »mütterlichen Gefühlskarussell« und wurde so manches Mal wahlweise von Sorgen um meine großen Kinder und hemmungslosem Stolz auf dieselben überrumpelt.

Mir hat deshalb die Arbeit an diesem Manuskript nicht nur große Freude gemacht, sondern sie hatte durchaus einen heilsamen selbsttherapeutischen Nebeneffekt. Auch deswegen bin ich dem Patmos Verlag und meiner Lektorin Dr. Christiane Neuen sehr dankbar, dass ich dieses Buch schreiben durfte.

Besonders bedanken möchte ich mich auch bei meinen Interview-Partnern und -Partnerinnen, die mir so vertrauensvoll Einblicke in ihr Familienleben und ihre Gefühlswelt gewährt haben.

Ich danke auch meinem Mann für die geduldige Begleitung auf meinem gelegentlich etwas holprigen Weg zu diesem Buch.

Anhang

Zum Weiterlesen

Gürtler, Helga: Kinder lieben Großeltern. Kösel, München 2000.

Halpern, Howard M.: Festhalten oder Loslassen. Wie Eltern die Beziehung zu ihren erwachsenen Kindern gestalten können. 8. Aufl. iskopress, Salzhausen 2011.

Kast, Verena: Loslassen und sich selber finden. Die Ablösung von den Kindern. 20. Aufl. Herder, Freiburg im Breisgau 2008.

Papastefanou, Christiane: Auszug aus dem Elternhaus. Aufbruch und Ablösung im Erleben von Eltern und Kindern. Juventa, Weinheim und München 1997.

Römer, Felicitas: Ich bin keine Super-Mama! Schluss mit dem schlechten Gewissen. Herder, Freiburg im Breisgau 2008.

Soliman, Tina: Funkstille – Wenn Menschen den Kontakt abbrechen. Klett-Cotta, Stuttgart 2011.

Anmerkungen

1 Textor, Martin R.: Phasen des Familienzyklus nach Auszug der Kinder, https://www.familienhandbuch.de/elternschaft/wie-sich-familien-entwickeln-der-familienzyklus/phasen-des-familienzyklus-nach-auszug-der-kinder.

2 Kast, Verena. Loslassen und sich selber finden. Die Ablösung von den Kindern. 20. Aufl. Herder, Freiburg im Breisgau 2008, S. 123.

3 Ebd., S. 124.

4 Fromm, Erich. Die Kunst des Liebens. 69. Aufl. Ullstein, Berlin 2010, S. 65.

5 Alle Namen und personenbezogenen Details sind zum Schutz der beschriebenen Menschen geändert.

6 Fromm, Die Kunst des Liebens, S. 55

7 16. Shell Jugendstudie »Jugend 2010«, Fischer Taschenbuch, Frankfurt am Main 2010.

8 Dahlkamp, Jürgen/Popp, Maximilian/Verbeet, Markus: Gespaltene Persönlichkeit. www.spiegel.de/spiegel/print/d-74184470.html (Zugriff: 5.12.2011).
9 Papastefanou, Christiane: »Nesthocker-Familien« – zwischen Solidarität und Symbiose. www.familienhandbuch.de/familienforschung/kinder-in-der-familie/nesthocker-familien-zwischen-solidaritat-und-symbiose (Zugriff: 5.12.2011).
10 Dies.: Auszug aus dem Elternhaus. Aufbruch und Ablösung im Erleben von Eltern und Kindern. Juventa, Weinheim und München 1997, S. 55.
11 Papastefanou, »Nesthocker-Familien«.
12 Hantel-Quitmann, Wolfgang: Beziehungsweise Familie. Bd. 1. Lambertus, Freiburg i. Br. 1996, S. 101.
13 Ebd.
14 Großes Wörterbuch Psychologie. Compact, München 2005, S. 191/192.
15 Das Familienstellen nach Bert Hellinger ist (zu Recht) umstritten. Es kommt aber immer mehr in Mode. Abgesehen davon, dass ich die Methode und die dahinterstehende Ideologie für problematisch halte, finde ich es hoch riskant, ein Familienstellen ohne begleitende Beratung oder Therapie zu machen.
16 Northrup, Christiane: Weisheit der Wechseljahre. Goldmann, München 2010, S. 82/83.
17 Schnarch, David: Die Psychologie sexueller Leidenschaft. 11. Aufl. Piper, München 2011, S. 94.
18 Privates schriftliches Interview.
19 Ebd.
20 Ebd.

Zitatnachweis

128f. © Dr. med. Christiane Northrup: Weisheit der Wechseljahre. Erschienen im Zabert Sandmann Verlag. ISBN: 978-3-89883-141-3.